新时代
经济热点解读

XINSHIDAI JINGJIREDIAN JIEDU

中共中央党校经济学教研部
曹立◎主编

新华出版社

图书在版编目（CIP）数据

新时代经济热点解读 / 曹立主编. -- 北京：新华出版社, 2018.3
ISBN 978-7-5166-3974-0（2025.3重印）

Ⅰ.①新…　Ⅱ.①曹…　Ⅲ.①中国经济－经济发展－研究
Ⅳ.①F124

中国版本图书馆CIP数据核字(2018)第063715号

新时代经济热点解读

主　　编：曹　立

选题策划：赵怀志　　　　　　　　　责任印制：廖成华
责任编辑：赵怀志　徐文贤　　　　　封面设计：臻美书装

出版发行：新华出版社
地　　址：北京石景山区京原路8号　　邮　　编：100040
网　　址：http://www.xinhuapub.com
经　　销：新华书店、新华出版社天猫旗舰店、京东旗舰店及各大网店
购书热线：010－63077122　　　　中国新闻书店购书热线：010－63072012

照　　排：臻美书装
印　　刷：大厂回族自治县众邦印务有限公司
成品尺寸：170mm×240mm
印　　张：12　　　　　　　　　　　字　　数：140千字
版　　次：2018年4月第一版　　　　印　　次：2025年3月第二次印刷
书　　号：ISBN　978-7-5166-3974-0
定　　价：39.00元

目录
CONTENTS

① 开启全面建设社会主义现代化国家新征程

推进和实现社会主义现代化，是中国共产党人不断探索和追求的奋斗目标。党的十八大，以习近平同志为核心的党中央明确提出"两个一百年"奋斗目标。党的十九大，党中央综合分析国际国内形势和我国发展条件，作出了中国特色社会主义进入了新时代，我国社会主要矛盾已经转化为人民日益增长的美好生活需要和不平衡不充分的发展之间的矛盾等重大论断，确定了决胜全面建成小康社会、开启全面建设社会主义现代化国家新征程的目标。为此，习近平总书记在十九大报告中指出：从二〇二〇年到本世纪中叶可以分两个阶段来安排，"两阶段"描绘了中国共产党接下来三十多年如何团结带领全国各族人民进行接力奋斗从而实现中华民族伟大复兴的中国梦的历史蓝图，勾勒出了我国成为综合国力和国际影响力领先国家的路线图。

一、新时代开启建设现代化国家新征程

（一）从"两个"百年奋斗目标到"两阶段"的战略安排

党的十八大，习近平总书记提出了"两个一百年"目标，即到建党一百周年的时候，即二〇二〇年全面建成小康社会；到建国一百周年的

时候，即 2049 年实现社会主义现代化，之后在前两个一百年奋斗目标的基础上，实现中华民族伟大复兴的中国梦。经过十八大以来这五年的砥砺前行，党和国家事业发生了历史性变革。取得了全方位的、开创性的、举世公认的历史性成就，党和国家的事业发生前所未有的、深层次的、根本性的历史变革。尽管全球经济发展深层次矛盾凸显、国际环境不稳定不确定因素增多，中国经济却一直保持稳步增长。这五年来，国内生产总值从 54 万亿元增长到 80 万亿元，稳居世界第二，对世界经济增长贡献率超过 30%，数字经济等新兴产业蓬勃发展，高铁、公路、桥梁、港口、机场等基础设施建设快速推进。农业现代化稳步推进，粮食生产能力达到 1.2 万亿斤。城镇化率年均提高 1.2 个百分点，八千多万农业转移人口成为城镇居民。创新型国家建设成果丰硕，天宫、蛟龙、天眼、悟空、墨子、大飞机等重大科技成果相继问世。就业状况持续改善，城镇新增就业年均 1300 万人以上，等等。中国特色社会主义进入了新时代，站在了从富起来到强起来的新的历史起点上。

在十九大报告中，习近平总书记明确指出，"经过长期努力，中国特色社会主义进入了新时代，这是我国发展新的历史方位。"党的十九大明确总任务是实现社会主义现代化和中华民族伟大复兴，在全面建设小康社会的基础上，分两步走，在本世纪中叶建成富强民主文明和谐美丽的社会主义现代化强国。两个阶段具体安排为："第一个阶段，从二〇二〇年到二〇三五年，在全面建成小康社会的基础上，再奋斗十五年，基本实现社会主义现代化。第二个阶段，从二〇三五年到本世纪中叶，在基本实现现代化的基础上，再奋斗十五年，把我国建成富强民主文明和谐美丽的社会主义现代化强国。"由此可见，"两阶段"明确了中华民族复兴的新目标和路线图。

社会主义现代化奋斗目标有了更为丰富的表述。"美丽"一词首次出现在奋斗目标当中,与"富强、民主、文明、和谐"相并列,进一步拓展为"富强民主文明和谐美丽",美丽中国建设被提上了新高度,经济、政治、文化、社会、生态文明建设。从全面建成小康社会到基本实现现代化,再到要建设富强民主文明和谐美丽的社会主义现代化强国,反映现代化重要的指标是质量、结构、效益、公平、生态。

(二)新时代社会主要矛盾发了历史性转换

十八大以来,我国各项事业取得了前所未有的历史性成就,中国特色社会主义进入新时代。正如十九大报告所指出的:"经济建设取得重大成就","全面深化改革取得重大突破","民主法治建设迈出重大步伐","思想文化建设取得重大进展","人民生活不断改善","生态文明建设成效显著","强军兴军开创新局面","港澳台工作取得新进展","全方位外交布局深入展开","全面从严治党成效卓著"。"党的面貌、国家的面貌、人民的面貌、军队的面貌、中华民族的面貌发生了前所未有的变化,中华民族正以崭新姿态屹立于世界的东方。"这标志着,中国特色社会主义进入了新时代。"中国特色社会主义进入新时代,意味着近代以来久经磨难的中华民族迎来了从站起来、富起来到强起来的伟大飞跃,迎来了实现中华民族伟大复兴的光明前景。""这个新时代,是承前启后、继往开来、在新的历史条件下继续夺取中国特色社会主义伟大胜利的时代,是决胜全面建成小康社会、进而全面建设社会主义现代化强国的时代,是全国各族人民团结奋斗、不断创造美好生活、逐步实现全体人民共同富裕的时代,是全体中华儿女勠力同心、奋力实现中华民族伟大复兴中国梦的时代,是我国日益走近世界舞台中央、不断为人类作出更大贡献的时代。"

进入新时代，中国社会主要矛盾发了历史性转换。在党的十九大报告中，习近平总书记作出全新判断：中国特色社会主义进入新时代，我国社会主要矛盾已经转化为"人民日益增长的美好生活需要和不平衡不充分的发展之间的矛盾"。从"物质文化需要"到"美好生活需要"，从"落后的社会生产"到"不平衡不充分的发展"。这一关系全局的历史性变化，是对五年来中国发展历史性成就和变革的深刻总结，更是对未来中国发展方向、发展目标的精准定位。

进入新时代面对新矛盾，必然要求我国的发展，一方面紧扣我国社会主要矛盾变化，着力解决发展的不平衡不充分的问题。必须坚定不移贯彻创新、协调、绿色、开放、共享的发展理念，统筹推进经济建设、政治建设、文化建设、社会建设、生态文明建设。着力加快建设实体经济、科技创新、现代金融、人力资源协同发展的产业体系。从解决社会主要矛盾的高度来提升发展的质量和效益，以供给侧结构性改革为主线，推动经济发展质量变革、效率变革、动力变革，提高全要素生产率，不断增强我国经济创新力和竞争力；另一方面顺应人民群众对美好生活的新期待，满足人民对美好生活的需要。坚持和发展中国特色社会主义，要把人民群众对美好生活的向往放在心中最高位置，始终把改善人民生活、增进人民福祉作为一切工作的出发点和落脚点。作为新时代中国特色社会主义的重要内容，把人民对美好生活的向往作为奋斗目标，更好满足人民在经济、政治、文化、社会、生态等方面日益增长的需要，更好推动人的全面发展、社会全面进步。

进入新时代完成新任务，必然要开启新征程。"我们既要全面建成小康社会、实现第一个百年奋斗目标，又要乘势而上开启全面建设社会主义现代化国家新征程，向第二个百年奋斗目标进军。"站在新的历史起点上，处在重大历史关头，如何谋划后 30 年的发展问题摆在了我们面前，同时，中国特色社会主义的傲人成就也为后 30 年的具体战略部署提供了物质实践基础。党的十九大高瞻远瞩，勇挑时代重任，通过科学分析国际国内形势和我国发展条件，以坚定的理论自信、制度自信、文化自信、道路自信和与时俱进、开拓创新的精神及时提出了新时代中国特色社会主义发展的"两阶段"战略安排。习近平总书记强调，"从全面建成小康社会到基本实现现代化，再到全面建成社会主义现代化强国，是新时代中国特色社会主义发展的战略安排。我们要坚忍不拔、锲而不舍，奋力谱写社会主义现代化新征程的壮丽篇章。"

（三）中国共产党人对现代化规律的新探索

20 世纪八十年代中后期，随着改革开放持续推进，我国社会发生了深刻的变化。在经济、政治、思想、文化、国防、外交等各个领域都取得了显著的成就，其中以经济建设尤为突出。1986 年同 1978 年相比，国民生产总值、工农业总产值、国家财政收入和城乡居民平均收入水平都大体翻了一番。这一时期是新中国成立后经济发展最旺盛、国力增长最迅速、人民生活得到改善最多的时期。为了继续发展这种良好的局面和深化改革，1987 年 10 月邓小平同志在党的十三大上提出了我国经济发展战略部署大体分"三步走"：第一步，从 1981 年到 1990 年实现国民生产总值比 1980 年翻一番，解决人民的温饱问题。第二步，从 1991 年到 20 世纪末，使国民生产总值再增长一倍，人民生活达到小康水平。第三步，到 21 世纪中叶，人均国民生产总值达到中等发达国家水平，人民生活比较富裕，基本实现现代化。然后在这个基础上继续前进。

习近平"两阶段"是在新时代下以习近平同志为核心的党中央对社会主义建设规律的新总结、新认识，是对邓小平"三步走"战略思想进一步丰富和发展。从邓小平在党的十三大上提出实现现代化"三步走"战略到习近平"两阶段"安排距离正好整整30年，这30年中国特色社会主义的航船一直在波澜壮阔中砥砺前行。"两阶段"战略安排不仅把"基本实现现代化"的目标提前了15年，而且对中华民族伟大复兴中国梦的原先定义中增添了"美丽"的特殊涵义，不仅完善和对接了"五位一体"总布局，而且充分地展示了新发展理念下中国经济发展更为注重效益、质量、环保的新要求。由此可见，习近平"两阶段"战略安排，深化了共产党的执政规律、社会主义的建设规律和人类社会的发展规律，展现了新一代中国共产党人对实现社会主义现代化和民族复兴道路的艰辛探索。

"两阶段"战略安排是实践的需要、历史的必然，成为新的历史条件下，中国人民全面加速实现现代化的愿景和奋斗目标。既展现了中国共产党人对未来中国特色社会主义现代化建设的雄心壮志，又体现了中国共产党人实事求是、勇于进取的精神追求；既是工作安排，又是庄严承诺；既是宣言书，又是集结令。它为第二个百年目标和中国梦的实现清晰了思路，规划了步骤，明确了要求，为新时代新征程的开启吹响了号角。完成这两个阶段目标之时，中国社会的面貌将焕然一新，不仅完全实现了小康，而且全面进入了现代化社会，中国人民千百年来梦寐以求的理想将得以实现。一个世界上人口最多的国家实现现代化，是世界上最伟大的事业和壮举，具有划时代的意义，可以说是开辟历史的新纪元。

在新时代新征程上，只要我们不忘初心，牢记使命，按照"两阶段"

战略部署，紧密团结在以习近平同志为核心的党中央周围，以永不懈怠的精神不断开拓进取，中国特色社会主义必将取得一个又一个胜利，第二个百年奋斗目标和中华民族伟大复兴的中国梦一定能够实现！

二、现代化强国需要建设现代化经济体系

中国特色社会主义进入新时代，我国经济已由高速增长阶段转向高质量发展阶段，正处在转变发展方式、优化经济结构、转换增长动力的攻关期，建设现代化经济体系是跨越关口的迫切要求和我国发展的战略目标。党的十九大报告中明确指出，建设现代化经济体系，必须把发展经济的着力点放在实体经济上，把提高供给体系质量作为主攻方向，显著增强我国经济质量优势。着力加快建设实体经济、科技创新、现代金融、人力资源协同发展的产业体系。着力构建市场机制有效、微观主体有活力、宏观调控有度的经济体制。

（一）建设现代化经济体系要着力发展实体经济

实体经济直接创造财富，是社会生产力的直接体现，也是一个国家综合国力的基础。纵观世界各国的经济发展历程，实体经济特别是制造业是经济大国和强国崛起的强大支撑。党的十八大以来，中国 GDP 年均增速超过 7.2%，远高于同期世界 2.5% 的平均增长水平，在世界主要国家中名列前茅。2017 年，我国国内生产总值达到 82.71 万亿元，比上年增长 6.9%。可以说，以制造业为核心的实体经济的发展功不可没。据国家统计局的数据显示，2017 年，第二产业增加值 33.46 万亿元，连续保持第一制造大国地位；我国货物贸易的表现好于全球绝大多数经济

体。从增长率来看，2017 年全年，我国货物贸易进出口总额、出口额和进口额同比分别增长 14.2%、10.8% 和 18.7%，增速创下 6 年来新高。从总规模来看，我国 2017 年货物贸易进出口总值 27.79 万亿元。但也要看到，中国经济发展还存在许多问题，面临不少困难和挑战，发展质量不高的问题依然突出。无论是从技术创新、人力资本、产业结构、能源和资源利用等反映全要素生产率的指标看，近年来我国制造业的增加值率约为 20%，远低于工业发达国家 35% 的水平；一些产业已经出现产能过剩，高端制造业和现代服务业发展滞后，存在较大的供给缺口。高端制造业方面，很多重大装备和关键技术仍然依赖进口。集成电路产值不足全球 7%，而市场需求却接近全球 1/3。另外，发展方式不可持续。许多产业产品是拼规模、拼速度、拼要素投入出来的。大中型工业企业研发费用不足主营业务收入的 1%，远低于发达国家 2.5% 的平均水平。制造业企业亿元产值发明专利数平均约为 0.4 件，距《中国制造 2025》提出的 0.7 件目标要求仍有较大差距。企业平均寿命、品牌数量明显落后于发达国家。随着劳动力短缺、环境约束增大、生产成本上升和国际竞争加剧等不利因素的显现，传统的发展方式已经无法支撑中国经济高速健康发展。

建设现代化经济体系有利于加速催生新的产业形态和新的经济增长点，创造新供给，释放新需求。现代化经济体系的形成，将产生众多新的业态。同时，随着技术的发展成熟，市场需求将被进一步释放，并和新的产业形态一起形成新兴的、持续的、强劲的经济增长点。实践中，与传统产业普遍面临下行压力不同，互联网金融、电子商务、物流快递等新产业、新业态增长速度快、成长性好，新产业、新业态将成为经济持续增长的新动力。建设现代化经济体系就是要围绕这种宏观经济发展态势变化，坚持质量第一、效益优先，在促进高质量供给体系建构与强化的同时，变革落后的生产方式、消费方式和分配方式，形成一种最大限度融合现代科技创新的新兴经济模式。

（二）建设现代化经济体系要着力建设现代产业体系

从十九大报告提出的"现代化经济体系"的内涵来看，要着力加快建设实体经济、科技创新、现代金融、人力资源协同发展的产业体系。全球新一轮科技革命和产业变革与我国加快转变经济发展方式形成历史性交汇，是我国构建产业新体系的重要时代背景。当前，以新一代信息技术与制造业融合发展成为主要特征的新一轮科技革命和产业变革正在全球范围内孕育和持续兴起，这给世界产业技术和分工的格局深刻调整带来了革命性的影响。为了推动质量变革、效率变革，应该将互联网、大数据、人工智能与实体经济深度融合，加快传统产业优化升级，促进我国产业迈向全球价值链中高端，加快建设制造强国，加快发展先进制造业，培育若干世界级先进制造业集群。

一是加快建设制造强国。制造业是技术最密集，产业链最长，集中度最高，也是创新活动最集中、最活跃的一个领域。因此，实现工业强国必须大力振兴制造业。加快实施《中国制造2025》，着眼于抢占国际竞争制高点，实施智能制造工程，着力发展智能装备和智能产品，推动生产方式向柔性、智能、精细转变，全面提升企业研发、生产、管理和服务的智能化水平，着力推动制造业朝着高端、智能、绿色、服务方向发展。（1）高端装备一直是国际产业竞争的焦点，高端装备制造是我们国家发展的短板，也是今后发展的主要方向。（2）加快发展智能制造。要在工厂这个环节取得突破，必须在机器设备与机器设备之间进行数字化的改造，设备与设备之间通过有线或无线的网络联系起来。我国是制造业大国，也是互联网大国，推动制造业与互联网融合，有利于形成叠加效应、聚合效应、倍增效应。（3）推行绿色制造。《中国制造2025》首次提出要全面推行绿色制造，绿色制造是围绕着产品的全生命周期通过构建绿色制造体系，来推动绿色的产品，绿色的工厂，绿色园区和绿色供应量的全面发展。（4）积极发展服务型制造。我国已经是第一制造业大国，但是我们还是处在价值链底端，按照微笑曲线理论，在生产制造环节所得到的利润率是在整个产业链上最低的，未来制造业要实现单纯卖产品到卖服务的转变。

二是发展现代互联网产业体系。随着信息技术的不断发展和互联网应用的不断拓展，互联网已经成为当今时代创新最为活跃，技术交叉密集，渗透性最广的一个伟大发明。习近平总书记指出：现在人类已进入互联网时代这样一个历史阶段，这是一个世界潮流，而且这个互联网时代对人类的生活、生产、生产力的发展都具有很大的进步推动作用。要加快构建工业互联网，建立现代信息技术产业体系，发展现代互联网产业体系必须加快发展电子信息产业。深入实施"互联网＋"行动计划，要促进互联网深度广泛的应用，特别是在制造领域的应用，鼓励支持制造业大企业搭建一个基于互联网的开放式的双创平台，来汇聚全球的资源，汇聚全球的智力，为制造业服务。以互联网来推动创新创业，通过线上线下的互动，孵化和筹资衔接来搭建创客空间。

三是加快发展现代服务业。服务业的繁荣发展是现代化的重要标志。加快发展服务业特别是现代服务业，对于支撑产业升级、有效扩大就业、更好满足消费需求、减轻资源环境压力具有重要战略意义。近年来，我国服务业发展迅速，2017年服务业增加值占国内生产总值比重达到 58.8%，超过第二产业。但与发达国家 70%—80% 的水平相比仍有较大差距。在比重偏低的同时，服务业质量和水平不高，结构也不尽合理。为此，要开展加快发展现代服务业行动，推动生产性服务业向专业化和价值链高端延伸、生活性服务业向精细和高品质转变。实现这一目标，要深入推进服务业对内对外的开放，尽快改变部分领域市场准入门槛过高的状况，放宽市场准入。尽快消除不利于医疗、教育、养老、设计、物流等领域优质发展的制度性障碍，推动各类市场主体参与服务供给。有序扩大服务业对外开放，开展银行、保险、证券、养老等设立外商独资机构试验。

（三）建设现代化经济体系要着力完善社会主义市场经济体制

现代化经济体系的建立过程，是全面改革的过程，是政府、企业与市场良性互动的过程，是有效落实新发展理念的过程，是中国人力资本出现质的飞跃的过程，这个过程需要解放和发展社会生产力，激发全社会创造力和发展活力。十九大报告明确指出，"着力构建市场机制有效、微观主体有活力、宏观调控有度的经济体制"。究其核心，当是如何正确处理政府与市场的关系。

一是要充分发挥市场的主导作用。深化经济体制改革，推进制度创新，使市场在资源配置起决定性作用，使经济活动遵循价值规律的要求，适应供求关系的变化。围绕着制造业创新驱动、智能转型、强化基础、绿色发展，实施更加精准的产业政策，在市场准入、公平竞争、财税金融、科技创新、对外开放、人才培养等方面推动出台一批实打实的配套政策措施，进一步减轻实体经济企业的负担，营造一个公平、公正、透明、稳定的法治环境，促进各类企业各展所长、共同发展。

二是要创新和完善宏观调控，转变政府职能。要根据社会主义市场经济改革的要求，切实转变政府职能，深入推进行政体制改革，加快完善财政金融体制改革，不断优化产业政策，完善宏观调控方式，提高政府宏观调控的科学化水平。一方面在简政放权上下功夫，深化市场准入制度改革，全面实施市场准入负面清单制度，支持民营企业发展，激发各类市场主体活力；另一方面在促进公平竞争上下功夫，打破行政性垄断，防止市场垄断，清理废除妨碍统一市场和公平竞争的各种规定和做法。深化商事制度改革，打破垄断，加快要素价格市场化改革，进一步完善市场监管体制。

三是激活市场主体，深化国有企业。国有企业是建设现代化经济体系的主力军，作用关键、不可替代。2016 年，全国国有企业（不含金融、文化国有企业）资产总额是 154.9 万亿元，比 2012 年增长了 73.1%，进入《财富》世界 500 强的国有企业有 82 家。深化国有企业要以增强国有企业活力、提高国有资本效率为中心，推动国有资本做强做优做大，不断增强国有经济活力、控制力、影响力、抗风险能力。

四是要加大力度支持民营企业的发展。民营企业是建设现代化经济体系的生力军，要切实解决民营企业发展面临的困难，建立"亲""清"新型政商关系。（1）落实中小企业促进法（2017 年 9 月 1 日修订通过了《中小企业促进法》，2018 年开始正式实行）。（2）建立中小企业政策线上服务平台，建立健全互联网＋中小企业政策服务平台，鼓励和支持搭建一些共性共享的平台，更多地为中小企业服务。（3）发挥国家中小企业发展基金作用，加大对民营企业创新的支持。（4）全力推动中小企业创新创业示范基地建设。

三、建设现代化强国要补短板强弱项

（一）补短板：扎实推进深度贫困地区脱贫攻坚

十九大报告指出，要动员全党全国全社会力量，坚持精准扶贫、精准脱贫，坚持中央统筹省负总责市县抓落实的工作机制，强化党政一把手负总责的责任制，坚持大扶贫格局，注重扶贫同扶志、扶智相结合，深入实施东西部扶贫协作，重点攻克深度贫困地区脱贫任务，确保到二〇二〇年我国现行标准下农村贫困人口实现脱贫，贫困县全部摘帽，解决区域性整体贫困，做到脱真贫、真脱贫。

随着脱贫攻坚向纵深推进，精准扶贫也面临一些深层次难题：一是发挥制度优势强力推进扶贫过程中，如何遵循减贫规律。如产业扶贫是贫困户脱贫的载体和依托，产业培育需要遵循自然规律、市场规律。目前在产业扶贫上，出现了一些问题值得高度重视。（1）一些贫困地区对产业扶贫缺乏科学论证和规划，盲目追求短平快项目，缺乏市场竞争力；（2）一些地方产业一哄而上，同质化现象严重；（3）一些项目组织化程度不高，产业链条短，抵御市场风险能力差，难以发展壮大；（4）一些由专业大户、合作社、龙头企业主导的产业项目缺乏有效的带贫益贫机制，与贫困户利益联结不紧密，贫困户难以分享产业发展收益。二是如何强化对深度贫困地区的精准支持。2018年，我国要再减少1000万以上贫困人口，实现200个左右贫困县脱贫摘帽，面临更大的挑战和困难。特别是"三区三州"（西藏、四省藏区、南疆四地州和四川凉山州、云南怒江州、甘肃临夏州），以及贫困发生率超过18%的贫困县和贫困发生率超过20%的贫困村，自然条件差、经济基础弱、贫困程度深，是脱贫攻坚中的硬骨头，补齐这些短板是脱贫攻坚决战决胜的关键之策。

正如习近平总书记 2017 年 6 月 23 日在深度贫困地区脱贫攻坚座谈会上所指出的"脱贫攻坚本来就是一场硬仗，而深度贫困地区脱贫攻坚是这场硬仗中的硬仗。我们务必深刻认识深度贫困地区如期完成脱贫攻坚任务的艰巨性、重要性、紧迫性，采取更加集中的支持、更加有效的举措、更加有力的工作，扎实推进深度贫困地区脱贫攻坚"。

提出坚持大格局扶贫，是中国特色社会主义进入新时代，习近平总书记对扶贫开发的新论断，丰富了习近平精准扶贫的思想内涵。坚持大格局推进精准扶贫，是立足更长远，把精准扶贫与构建国家反贫困体系结合起来，把区域发展与脱贫攻坚结合起来，把完善政府、市场、社会协同推进与落实扶贫脱贫责任主体结合起来，确保贫困人口和贫困地区同全国一道进入全面小康社会。

中国特色社会主义进入新时代，要将实施乡村振兴战略和构建大扶贫格局紧密结合起来。没有农村地区的脱贫，就没有乡村振兴。按照"产业兴旺、生态宜居、乡风文明、治理有效、生活富裕"的总要求，坚定不移实施乡村振兴战略，探索融合发展的城乡道路，为统筹城乡发展、推动贫困人口脱贫致富提供有力支撑。

大思路布局。乡村振兴战略的这五句话的要求与脱贫攻坚的要求高度契合。产业兴旺，要拓展农村生产力的视野，农村应该包含种植业、加工业和服务业。生活富裕，不仅是提高贫困群众的收入，而且要提高贫困户的获得感和满足感。生态宜居，就是要把脱贫攻坚与生态环境保护、绿色发展结合起来。乡风文明，脱贫攻坚要重视对贫困地区的文化建设，以扶志扶智为抓手，提高乡村文明程度。治理有效，重视自治、法治和德治，把脱贫与乡村治理结合起来，全面提高乡村治理水平。

大产业带动。产业扶贫是脱贫攻坚的重要载体。现代农业它本身就是一个完整的产业链，包括主体产业和辅助产业，是一产、二产、三产协同发展的产业体系。其主体产业包括农业生产、食品加工、生物制药、休闲旅游。其辅助产业包括机器制造、仓储物流、涉农服务、包装材料、市场营销等等。通过做大做强高效绿色种养业、农产品加工流通业、休闲农业和乡村旅游业、乡村服务业、乡村信息产业，这不仅培育了农业农村发展新动能，而且增强贫困群众就业增收能力。

大资源整合。一方面要充分利用信息技术、互联网，搭建大平台来整合资源，特别是要吸引富裕地区的人、财、物到贫困地区去，要建立利益连接机制，通过市场机制来吸收社会力量参与扶贫，提高社会组织和民间资本参与扶贫的积极性主动性。另一方面鼓励家庭农场、种养大户等新型经营主体通过土地流转、土地互换、土地入股等，扩大土地经营规模、提高规模效益。鼓励各地将政府扶贫补贴量化到小农户、折股到合作社，引导推动龙头企业与合作社、小农户建立紧密利益联结关系，通过保底分红、股份合作、利润返还等，带动贫困户分享农业产业链增值收益。

大治理体系。脱贫攻坚的过程也是带动整个农村繁荣的过程，是贫困户参与农村发展和农村治理的过程，随着脱贫攻坚的深入推进，农村治理也会提升到一个新的高度。全面提升乡村治理水平是提高国家治理水平现代化的重要组成部分。要把创新、协调、绿色、开放、共享的发展理念发融入经济社会发展全局。把贫困村贫困户内生发展动力培育贯穿减贫发展全过程，推进党建、减贫与社区治理相结合。

（二）强弱项：使创新成为经济发展的强劲动力

党的十九大明确指出：创新是引领发展的第一动力，是建设现代化经济体系的战略支撑。要瞄准世界科技前沿，强化基础研究，实现前瞻性基础研究、引领性原创成果重大突破。加强应用基础研究，拓展实施国家重大科技项目，突出关键共性技术、前沿引领技术、现代工程技术、颠覆性技术创新，为建设科技强国、质量强国、航天强国、网络强国、交通强国、数字中国、智慧社会提供有力支撑。

习近平总书记明确指出：中国作为一个大国，在科技创新上要有自己的东西，科技创新能力不足是中国这个经济大个头的"阿喀琉斯之踵"。党的十八届五中全会更进一步把创新置于五大发展理念之首，强调创新是引领发展的第一动力，人才是支撑发展的第一资源，要把创新摆在国家发展全局的核心位置。2016年中央发布的创新驱动发展战略纲要明确我国发展三步走的战略目标是，2020年进入创新型国家行列，2030年进入创新型国家前列，2050年建成世界科技创新强国。

经过多年努力，我国科技发展取得举世瞩目的成就，科技整体能力持续提升，一些重要领域已跻身世界前列，某些前沿方向开始进入并跑、领跑阶段，正处于从量的积累向质的飞跃、点的突破向系统能力提升的重要时期。同时，创新对于经济发展的驱动力越来越大，极大地推动了经济结构的优化升级。从服务业增加值占GDP的比重、高技术产业增速、劳动生产率等统计数据可见，我国经济发展的动力结构已经发生了明显变化，创新驱动在经济增长的动力结构中的作用日益凸显。2017年，新产业新产品蓬勃发展，工业战略性新兴产业增加值比上年增长11%，增速比规模以上工业快4.4个百分点；工业机器人产量比上年增长68.1%，新能源汽车增长51.1%。经济结构继续优化。第三产业增加值对国内生产总值增长的贡献率为58.8%，比上年提高1.3个百分点；消费成为经济增长主动力，最终消费支出对国内生产总值增长的贡献率为 58.8%，高于资本形成总额 26.7 个百分点，反映创新驱动的"六新"（新技术、新产业、新业态、新模式、新产品、新动能）蓬勃发展。

新技术：一批重大科技成果，无论是 C919 大飞机、复兴号动车组、量子通信线路，还是深海探测等一系列成果在去年涌现出来。

新产品：现在需求非常旺盛的机器人、新能源汽车都是增长 50% 以上。

新产业：战略性新兴产业、高技术产业、装备制造业增加值都是 10% 以上的增长。

新业态：实物网上商品零售额增长 28%，非实物商品网上零售增长更快，快递业务量保持了近 30% 的增长。

新模式：分享经济、共享经济、数字经济、平台经济正在迅速成长。

新动能：上述新产业、新业态、新模式成为驱动经济发展的新动力。

但是也要看到，我国还面临重大科技瓶颈，关键领域核心技术受制于人的格局还没有从根本上改变，我国科技进步对经济增长的贡献率不足 60%，我国实体经济的创新能力不够强的矛盾和问题较为突出、部分关键核心产品严重依赖进口，增强重大产业技术基础和建设制造强国存在不少痛点。核心芯片、工业软件、控制系统受制于人。集成电路被称为现代工业的"大脑"，我国 80% 以上的集成电路芯片依赖进口，每年进口额超过 2000 亿美元；操作系统是移动智能终端的"心脏"，2016年我国智能手机产量占全球 30% 以上，而操作系统国产化率不到 1%；在交通、电力、通信、水利、金融等关系国民经济命脉的重大基础设施中，大量使用国外芯片、软件和控制系统。核心零部件、关键元器件、基础原材料依赖进口；我国的医用高分子耗材产销量全球第一，但高端的血液净化材料、眼科软性人工晶状体、口腔材料、术后防粘连膜、合成高分子手术缝线等 90% 以上依赖进口。

十九大报告把"加快建设创新型国家"纳入"建设现代化经济体系"的组成部分，并强调"创新是建设现代化经济体系的战略支撑"。未来必须把发展的基点放在创新上，紧紧牵住科技创新这个牛鼻子，提高全要素生产率，以新业态、新模式和新产业催生新经济增长点。

首先，建设充满活力的国家创新体系。加快建设创新型国家，必须着力提升科技创新能力，要拥有一批世界一流科研机构、研究型大学、创新型企业，能够持续涌现一批重大原创性科学成果。以重大科技任务攻关和重大科技创新基地为主线，依托最有优势的创新单元，整合全社会创新资源，建立新型运行机制，建设突破型、引领型、平台型一体的重点实验室，使其成为战略科技力量，成为具有影响力和辐射带动力的科技创新中心。

其次，建立以企业为主体、市场为导向、产学研深度融合的技术创新体系。要让市场真正成为配置创新资源的决定性力量，让企业真正成为技术创新决策、研发投入、科研组织、成果转化的主体技术创新的主体，要支持大型创新领军企业加强基础前沿研究，也鼓励创新型中小微企业源源不断地探索创新创业。搭建促进科技成果转化的创新服务平台建设，完善技术转移体系，加快科研成果向现实生产力转化，实实在在地解决科技成果转化过程中存在的"最后一公里"问题。支持和鼓励有条件的高校、科研院所、企业创建创新型孵化器，搭建风险投资与创业创新成果对接平台，开展技术成果转化和交易，推进科技成果成功转化。

最后，营造"崇尚创新、宽容失败"的社会文化氛围。在全社会倡导科学精神、企业家精神、工匠精神和创新精神，弘扬尊重知识、尊重人才、尊重劳动、尊重创新的观念，积极倡导敢为人先、勇于冒尖、宽容失败的创新文化，树立崇尚创新、创业致富的价值导向，加快形成人人崇尚创新、人人渴望创新、人人皆可创新的社会氛围。

（曹立：中央党校经济学部副主任、教授）

2

把提高供给体系质量作为主攻方向

习近平总书记在 2017 年 10 月召开党的十九大的报告中提出，"必须坚持质量第一、效益优先，以供给侧结构性改革为主线，推动经济发展质量变革、效率变革、动力变革，提高全要素生产率"，"深化供给侧结构性改革，把提高供给体系质量作为主攻方向，显著增强我国经济质量优势"。回顾近年历次重要的会议精神，中央关于推进供给侧结构性改革的相关政策、路线和方针是一以贯之和一脉相承的。2015 年 11 月，习近平总书记在中央财经领导小组第十一次会议上首次提出供给侧结构性改革时强调，"在适度扩大总需求的同时，着力加强供给侧结构性改革，着力提高供给体系质量和效率，增强经济持续增长动力，推动我国社会生产力水平实现整体跃升"。接着，中央确定"十三五"时期要以供给侧结构性改革为主线，扩大有效供给，满足有效需求，加快形成引领经济发展新常态的体制机制和发展方式。之后，2016 年 12 月召开的中央经济工作会议指出，"适应把握引领经济发展新常态，坚持以推进供给侧结构性改革为主线"。结合刚召开的十九大报告中关于供给侧结构性改革的定位来看，中央将供给侧结构性改革作为经济发展的工作主线这一逻辑和思路具有一致性和连续性。总体来看，习近平总书记对如何理解和贯彻供给侧结构性改革作了大量重要论述，这些论述从不同角度深刻揭示了新常态下我国经济发展的阶段性特征以及由此而引发的供给和需求的新变化，使得关于供给侧结构性的内涵、任务和目标等问题愈发明晰。由此，供给侧结构性改革也成为理论研究和实践工作部门共同关心的热点问题，引起国内外的高度关注。通过以上论述也可以看出，供给侧结构性改革不只是关注供给，更加强调的是供给和需求的内在统一和相互协调，但是不得不指出的是，目前关于供给侧结构性改革当中供需关系的认识还存在一定理论上的分歧和误区，比如有人认为供给侧结构性改革是作为需求管理的简单替代或者忽视和弱化需求管理等，从而导致推进改革的实践工作发生偏差，接下来就是要统一认识，以期取得社会共识，坚定信心，增强定力，坚定不移推进供给侧结构性改革，培育新的经济结构，强化我国经济发展新动力。

一、供给侧与需求侧之辩：宏观经济调控的两大逻辑

改革开放近 40 年来，我国市场经济体制逐步建立，政府直接参与经济活动的范围和程度逐渐缩小，资源配置基本由市场决定，宏观调控框架日趋成熟，保证宏观经济基本稳定。但 2008 年一场全球金融危机打破了这种动态平衡，面对大量的失业、企业倒闭以及贸易萎缩等问题，政府实施了"4 万亿"经济刺激计划，虽然在短期内起到了稳定经济的重要作用，但政府在经济活动中的作用日益加强，多年来政府与市场此消彼长的发展趋势在很大程度上发生了逆转。当我国经济进入后危机时期，强调政府对于宏观经济发展刺激作用的凯恩斯主义重复出现，演变为总体偏松偏软的宏观调控政策，更多地依靠刺激需求促进经济增长，导致资产价格上涨、不良贷款增加以及地方政府债务风险等问题，使得强调

需求管理的凯恩斯主义政策日渐式微，结构性矛盾日趋严重，供给侧结构性改革也正基于此背景而应运而生。于是，关于供给侧和需求侧孰优孰劣以及两者对于宏观经济调控的作用成为重要的核心理论问题。

（一）供给侧和需求侧的理论溯源

西方经济学理论表明，无论是从宏观还是微观视角看，人类经济活动都是由供给和需求两侧组成：供给侧是专为社会生产和提供产品或服务的方面；需求侧是消费产品或服务的方面。克鲁格曼曾说："经济在我看来，只有两个概念：供给与需求。"事实上，从经济学理论演化到各国的经济发展实践都是围绕供给和需求而展开的。对微观个体而言，需求是人们愿意并且能够购买的产品或服务的数量，供给是人们愿意并且能够生产的产品或服务的数量。但从整个宏观层面来看，总需求包括投资、消费和出口，也就是人们常说的"三驾马车"，总供给是社会生产活动实际可以提供给市场的可供最终使用的产品和劳务总量，而这些产品和服务都是由各类生产要素的投入所实现的，因此总供给也可由劳动力、土地、资本、制度以及创新等生产要素来衡量。

根据总供给—总需求模型，两者之间存在着三种关系：（1）总供给等于总需求，即社会生产出的商品或服务能被全部消费，总供给与总需求实现平衡；（2）总供给大于总需求，即社会生产出的商品或服务大于消费能力，经济会出现萧条，比如产能过剩；（3）总供给小于总需求，即社会生产出的商品或服务小于消费能力，经济可能会过热，比如通货膨胀。其中，在后两种情况下，经济运行在供求失衡状态下会出现种种问题，因此单纯地依靠供给侧或者需求侧都将对经济发展产生负面影响，两者不可偏废，下面从理论层面分别对供给侧与需求侧进行分析，从而更加科学准确地认识供给侧结构性改革的理论内涵。

1. 供给侧与供给学派

回顾经济学发展史不难发现，基于"供给侧"的管理政策思想在经济学理论中是一以贯之的，只是一直以来没有受到多数人的重视。从古典经济学时期的亚当·斯密在《国富论》中强调劳动和资本等"供给侧"因素在经济发展中的作用，认为市场这只"看不见的手"可以自行调节供给和需求，政府不应干预市场，到新古典经济学时期法国经济学家萨伊提出的著名的"萨伊定律"，认为供给自动创造需求，即经济一般不会发生任何生产过剩的危机，更不可能出现就业不足，因为供给会创造自己的需求，再到以阿瑟·拉弗、罗伯特·蒙代尔等人为代表的供给学派，提出主张经济学应着重分析社会经济的供给方面，可以说将供给管理思想发挥到了极致。

从经济发展实践来看，供给侧管理理论的兴盛源于70年代初日益严重的"滞胀"问题，供给学派认为，滞胀问题完全是长期推行需求管理政策所造成的累积效应，其根源在于凯恩斯理论，因而必须予以否定并重新恢复萨伊定律。供给学派认为，现实中的非均衡缺口表面上看起来是需求不足，供给过剩，但实际上是"无效供给"过剩伴随着"有效供给"不足而引起的，所以本质上还是由于供给端出现了不平衡，比如30年代大萧条也不能完全归因于需求不足，还跟"有效供给"不足有关。

需要注意的是，在市场经济条件下，衡量有效供给的主要标准是市场出清，也就是说，只有那些能被消费者自愿掏钱购买的商品和服务，才属于有效供给。这样的供给既能创造需求，也不会导致产能过剩、经济萧条等后果。同时，有效供给是由劳动力、土地、资本、制度以及技术等生产要素的投入所实现的，因此将这些生产要素在充分配置条件下所实现的增长率称为潜在经济增长率①，而结构性改革旨在调整经济结构，使要素实现最优配置，从而提升我国的潜在经济增长率，重塑中长期经济增长动力，提升经济增长的质量和数量。

2. 需求侧与凯恩斯主义

凯恩斯主义以经济学家约翰·梅纳德·凯恩斯及其在1936年出版的著作《就业、利息与货币通论》为代表。需求侧管理理论也正是在凯恩斯的思想基础之上逐步发展与完善起来的，主张国家采用扩张性的经济政策，通过增加需求促进经济增长。历史向前追溯到1930年，美国爆发了失业和生产过剩为特征的经济危机，史称"大萧条"，这次危机的严重程度迫使资本主义社会处于随时崩溃的边缘，此时，凯恩斯根据"罗斯福新政"当中的一系列政策措施，在其著作《就业、利息与货币通论》中提出一套基于"有效需求"管理的宏观经济调控理论和政策，最终为挽救资本主义社会提供了理论基础。

凯恩斯主义的逻辑推演是从充分就业开始的，他认为以往假设的充分就业均衡建立在"萨伊定律"基础之上，其前提是错误的，因为在通常情况下，总供给和总需求所形成的均衡是小于充分就业的均衡，其根源在于"有效需求"不足。凯恩斯进一步指出，政府必须采取经济刺激政策，增加需求，从而带动经济增长。

综上所述，凯恩斯经济理论的主要结论是经济中不存在生产和就业向完全就业方向发展的强大的自我调节机制，这与（新）古典主义经济

---

① 本文将在第二章节运用潜在经济增长率这一概念具体分析我国经济增长动力的根源。

学所谓的"萨伊定律"相反，后者认为市场机制会起到自动调整的作用，从而趋向于完全就业。供给学派和凯恩斯主义其实都同时关注供给和需求，但两者的局限性在于仅关注供给和需求的静态平衡，而没有考察经济的动态发展，并且双方所做的都是总量分析而不是结构分析。我国改革开放三十年的经济发展基本沿用了凯恩斯基于"有效需求"的宏观经济调控理论和框架，但需求侧管理政策着重于解决短期内的宏观经济波动，这种周期性的宏观经济政策主要是在潜在经济增长率达到一定水平的时候通过刺激需求端尽可能使得总需求接近总供给（潜在经济增长率），从而实现经济的平稳增长，达到平抑经济周期的目的，然而从长期来看，却无法保持经济增长动力。因此，供给与需求两侧关系既对立又统一，需求管理政策侧重于在短期内通过相机抉择，实施反周期政策实现供求动态平衡，使经济保持在合理区间，对供给侧结构性改革有利，能为中长期供给侧结构性改革营造相对稳定的宏观环境。

（二）供求错位是宏观经济运行失衡的根本问题

由上文可以看出对于一个经济体而言，宏观经济调控具有两种逻辑分析框架，一种是从需求侧入手，国内生产总值是由消费、投资和净出口构成，决定了一个经济体的总需求，因此政府应该运用宏观经济刺激政策增加总需求，从而带动国内生产总值的增加；另一种是从供给侧入手，国内生产总值是由劳动、土地、资本和技术等要素投入形成的，决定了一个经济体的总供给。2012 年以来，传统三大需求均呈下行走势。这意味着，现实"需求"的疲弱其实暗藏着巨大的潜在需求无法释放的问题，也反映出经济供需结构不匹配的深层次矛盾。经济下行虽然有周期性因素，但根本上还是结构性问题。表面上是有效需求不足，实际上是有效供给结构不适应市场需求结构的变化。面对人们的需求扩大而产业供给能力下降的结构性问题,关键还在于调整经济结构并增加有效供给能力。

事实上,我国实施供给侧结构性改革是对多年来过于强调需求管理、忽视供给侧的"纠偏",绝不是全盘否定或者弱化需求管理,两者不是非此即彼的关系。相反,供给侧和需求侧代表的是宏观经济运行的两个方面,需求引导供给调整,供给创新满足需求,二者相互促进、缺一不可。下面,从宏观和微观两个视角分析我国当前经济发展当中存在的供需错位问题。

1. 宏观角度。从需求侧看,投资增长率受到边际投资收益递减规律的影响逐渐下降,投资空间变小,边际效益明显下降,继续依靠投资拉动经济增长的成本和难度在增加,消费需求呈现结构化失衡,主要表现为中低收入人群由于收入不足,对中低端产品需求不足,中高收入人群在国内有效供给缺乏条件下,消费潜力受到抑制;从供给侧来看,在现有体制下,资金、劳动力等生产要素大多流入中低端产业,造成无效供给过多,而国内中高端产业由于生产要素投入不足造成中高端产品供给不足。

2. 微观角度。微观层面的供需错位根据两者的适应情况分为两类。一类是供给大于需求。突出代表是产能过剩行业,比如钢铁、煤炭、水泥和风电制造等;另一类是供给小于需求。中国居民存在着对某些商品和服务的有效消费需求,但是,在各种行政性干预条件下,私人和社会资本难以进入这些商品和服务的生产领域,导致供给严重不足,潜在的有效需求无法得到满足,比如教育、医疗和金融等产业依然很大程度上受制于种种政策的限制,导致供给严重不足,大量有效需求无法得到满足。

总而言之,中国经济当前的主要问题是结构性和供给侧问题,而非周期性和需求侧问题。上文所论述的供需错位，无论是宏观层面还是微观层面，实际上都是结构性问题。针对结构性问题，不能用解决周期性波动的需求管理政策去应对，而要采取维持我国中长期经济增长动力的供给侧结构性改革去化解。

二、供给侧结构性改革是引领经济新常态的主动选择

中国经济在经历了三十多年的高速增长后，其基本面已经发生了实质性的变化，进入了一个新的历史阶段。在这一新阶段中，将发生一系列全局性、长期性和根本性的新现象、新变化。经济发展速度将迈入新轨道，发展质量将更加依赖新动力，无论是政府、企业还是居民等市场主体以及各行各业都必须有新观念和新作为。习近平总书记用"新常态"向世界描述了中国经济的这一系列新变化，并引起国内外社会各界的广泛关注。

为了应对中国经济新常态，习近平总书记在 2015 年 11 月初的中央财经领导小组第十一次会议上首次提出"供给侧结构性改革"，指出"要在适度扩大总需求的同时，着力加强'供给侧结构性改革'，着力提高供给体系质量和效率，增强经济持续增长动力，推动我国社会生产力水平实现整体跃升"。供给侧结构性改革是中国适应和引领经济发展新常态的重大理论创新和必要实践举措。"十三五"时期是经济发展方式转变与经济结构调整的关键时期，厘清供给侧结构性改革的理论价值与实践意义，从科学的角度对供给侧结构性改革的科学内涵和政策外延做出清楚阐释，探讨经济新常态下我国推进供给侧结构性改革的具体措施，不仅具有重大的学术价值，同时更有重要的实践指导意义。

（一）经济新常态源于潜在增长率的下降

为了更好地理解新常态，适应新常态，探究新常态的成因，不得不提到前文所述的潜在经济增长率。潜在经济增长率代表的是一国（或地区）一定时期内各种资源得到最优配置和充分利用的条件下所能达到的经济增长率，GDP 增速往往围绕潜在增长率在一定范围内波动。潜在增长率主要由劳动投入、资本投入和全要素生产率以及相关的组织制度等因素决定，未来一段时间内，中国潜在经济增长率下降或成为趋势，增长速度放缓作为中国经济新常态的基本表现特征与潜在经济增长率放缓有着密不可分的联系。

首先，人口红利拐点显现，人口红利正在消失。数据显示，2012年我国 15—59 岁劳动年龄人口第一次出现绝对下降，而且长期来看从 2010 年到 2020 年，劳动年龄人口将减少 2900 多万人。也就是说，从"十二五"时期开始，我国劳动年龄人口的绝对数量每年都在减少，人口红利逐渐消失，这意味着全社会劳动投入增长将逐步放缓。同时，计划生育政策虽然在实行前期降低了人口抚养比，减少了抚养支出，为改革开放三十年创造了有利的人口条件，但同时也减少了未来的劳动力供给，加速了中国的人口老龄化进程，人口红利出现转折。

其次，投资回报率下降，资本红利日益减少。在市场经济中，一个重要的规律就是边际投资收益递减，也就是说，投资效益并不随投资规模的盲目扩大而递增，而是达到某一临界点后，收益会递减。以此来看，投资增速下降的原因之一是投资回报率下降，而产能过剩就是投资回报率下降最好的注解。该问题不仅出现在钢铁、煤炭和水泥等传统产业，太阳能、风能等新兴产业同样面临产能过剩，甚至在铁路，公路以及机场等基础设施领域，也面临投资收益率严重偏低的问题。

再次，技术创新不足，技术红利逐步缩小。首先，自 2001 年加入 WTO，中国在引入大量外资的同时，也引进了大量国外的先进技术，加之自身的技术创新和进步，与国外先进技术的差距日益缩小。其次，中国经济规模的增长速度使得国际上其他国家不得不引起高度警惕。2005 年，中国经济规模还不到美国的一半，2011 年，中国超过日本成为世界第二大经济体。以西方国家为主导的国际经济组织和机构在制定国际贸易规则的时候会更具针对性，以更加严格的和隐蔽的方式限制中国的技术创新步伐。美国政府曾试图在大西洋（TTIP）和太平洋（TPP）区域构筑新的国际贸易投资体系，实际上就是通过新的贸易规则约束和限制中国在坚持对外开放中的技术引进，中国从国外获得先进技术的成本和风险都显著增加。

最后，改革难度加大，制度红利释放难度加大。中国改革在经历了 30 多年后，已然不再是"摸着石头过河"的阶段，当前的改革进入深水区和攻坚期已是不争的事实。过去的改革主要表现为"增量"改革，具有普遍受益的改革模式特征，同时难度较小的领域成为优先改革的目标，对当时的利益相关者影响相对有限，而如今在国内和国际形势风云变幻，经济体制改革和政治体制改革不匹配以及经济规模总量世界第二和收入分配差距加大等矛盾凸显的形势下，改革取得诸多成绩的同时我们也应该清醒地认识到很多领域的改革已经进入瓶颈，旧有的和新产生的利益集团相互交织在一起，形成更为复杂的利益格局，严重阻碍了改革进程的进一步深化。

（二）短周期需求侧政策难以应对长周期结构性问题

如上所述，这次经济增长速度下行，是伴随潜在经济增长率下降出现的长周期结构性变化，是中国经济发展进入新常态的表现，而不是像以往那样的短周期现象，侧重于解决短周期经济波动问题的需求政策不仅难以应对长周期中所出现的结构性问题，而且还可能加剧结构进一步失衡。

我国 2014 年和 2015 年 GDP 增长率分别为 7.3% 和 6.9%，2016 年上半年为 6.7%，经济下行压力不断加大。如果将这些数据与 2008 年金融危机前后相比较，不难发现，当前中国经济问题确实有周期性因素，但主要表现为结构性因素，结构性问题是此次经济下行的主导性因素并将对未来经济发展产生长期影响。在增长速度换挡期、结构调整阵痛期、前期刺激政策消化期"三期叠加"的新常态阶段中，结构调整是最基础，也是最关键的环节。只有结构调整到位，才能在消化前期经济刺激政策产生的负面效应的同时顺利实现速度的换挡。

从凯恩斯政策的理论基础来看，需求侧是其核心着力点。从实施效果来看，容易在短期内出现成效；但从中长期来看，往往会造成债务增加、产能过剩乃至增速下滑的局面。无论是二战之后的美国，还是 2008 年全球金融危机之后的全球主要经济体，均采用凯恩斯政策刺激市场需求，其经济增速在经历了短期恢复之后，很容易再次出现下滑，甚至是滞胀状态。本文认为，造成上述难题的根本原因在于凯恩斯政策更多地适用于平抑经济增长的短周期波动。从短期来看，经济发展的轨迹是遵循凯恩斯范式的，比如在凯恩斯理论中，产品和服务的供给量会受到粘性工资的影响，但此时经济主体的总供给曲线是基于短期这一前提的，因此，凯恩斯的扩张性经济刺激政策并不适用于长期的经济发展。同时，从长期来看，经济发展的轨迹仍然应该是（新）古典范式的，市场失灵在得到宏观调控之后会逐步趋于均衡，政府不恰当的干预政策会打破这种平衡，对于总需求的影响不仅无效，反而可能会产生负面效应。

（三）供给侧结构性改革有助于提高潜在经济增长率

虽然真实增长率会受到潜在经济增长率高低的限制，但是，潜在经济增长率本身是可以通过要素的变动而提高的。以往估算和预测的潜在增长率，其实衡量的是在假设没有新的增长要素的前提下，一个经济体可能达到的最大增长程度。因此，潜在经济增长率是一个动态调整的过程，并非是固定不变的。实际上，由于我国正处于结构调整和改革攻坚的历史阶段，经济运行中仍然存在着一系列深层次的体制和机制障碍，既妨碍生产要素供给潜力的充分挖掘和利用，也阻碍反映科技创新能力的全要素生产率的进一步提高。因此，通过不断全面深化改革，特别是供给侧结构性改革消除关键领域的体制和机制障碍，一方面提高生产要素的潜在供给能力，另一方面加强生产组织方式创新和技术创新，提高生产要素的利用和配置效率，持续提高潜在经济增长率，重塑中国经济中长期增长动力。

三、推进供给侧结构性改革的政策措施：国际比较

从实践上看，发生于 20 世纪 80 年代的里根经济学和撒切尔经济学，是国际公认的供给侧改革典型案例。在 20 世纪 80 年代，英国与美国经济的发展出现了严重的"滞涨"，主要表现为经济衰退、高失业以及高通胀等问题，严重阻碍着两国的经济发展。在此背景下，两国不约而同地采取了供给侧改革政策。

（一）里根与撒切尔经济学产生的背景与政策措施

1.美国里根经济学的背景和政策措施。20世纪70年代，美国经济面临高通胀和高失业的滞胀困扰。1980年底，美国通胀率高达13.5%，失业率达7.2%，经济增长率仅为 -0.2%，深陷"滞胀"的泥淖。同时美国经济也存在诸多结构性问题，个人所得税的边际税率最高达70%，企业所得税率高达46%，抑制了私人部门投资和生产的热情。当时所采取的政策措施主要有：（1）降低企业及个人所得税；（2）放松行政管理和推进市场改革，减少政府对经济的干预；（3）支持美联储主席沃克尔将反通胀作为货币政策的主要目标，降低货币供应量，提高利率；（4）着力推动军工战略，提高军费支出，提出以"星球大战计划"为代表，以军事科研为引领的国防经济发展战略及国家总体战略；（5）取消Q条例①，推动利率市场化。通过一系列改革措施，美国经济从1982年末开始复苏。1983年GDP增速达到4.6%，一直到里根任期结束，GDP增长率维持在3.5%以上；失业率也从1983年7月开始逐渐降低，至1989年末一直维持在6%以下；工业生产指数于1983年2月开始稳定上升，至1989年12月达到68.3，比1983年初增长29.8%。

2.英国撒切尔经济学的背景和政策措施。1973—1980年间，英国经济面临着GDP增速下降和通胀居高不下的双重压力。1975年通胀高达24%，同期GDP负增长；1980年，通胀超过17%，同期GDP负增长。

---

①Q条例是指美国联邦储备委员会按字母顺序排列的一系列金融条例中的第Q项规定。美国联邦储备委员会在1929年经济"大萧条"之后，颁布了一系列金融管理条例，并且按照字母顺序为这一系列条例进行排序，如第一项为A项条例，其中对存款利率进行管制的规则正好是Q项，因此该项规定被称为Q条例。后来，Q条例成为对存款利率进行管制的代名词。由于Q条例的内容是对银行所吸收的储蓄存款和定期存款规定利率上限，因此，取消Q条例意味着放松利率管制。

当时所采取的政策措施主要有：（1）废除物价管制，减少政府对经济的干预；（2）货币政策收紧，控制通胀；（3）降低企业及个人所得税；（4）加快市场化改革，推动国有企业产能出清。经过一系列的改革措施之后，英国经济出现了复苏，基准利率从 1979 年的 17% 下降到 1984 年 3 月的8.75%。经济增速从 1982 年的 –2.2% 一路回升至 1988 年的 5.9%，而通胀从 1980 年的 18% 迅速回落至 1986 年的 3.4%。

（二）里根与撒切尔经济学的经验借鉴

1. 保持改革勇气，坚定改革决心

英美两国在推进供给侧改革等一系列宏观调控政策中频繁遭遇到国内质疑和反对力量时，政治家通过始终保持坚定推进改革的勇气和决心而表现出的政治权威，是里根和撒切尔政府最终成功推行供给侧改革的政治基础。1981 年里根政府采取的经济政策，给持续下滑的美国经济注入一针兴奋剂的同时也引发了来自国会反对党、媒体以及其他利益相关者持续不断的反对和质疑，撒切尔也面临同样的巨大政治考验。面对政策实施初期，市场的乏力表现和众多反对声音，里根和撒切尔展现出了杰出的政治定力，保持决心坚定不移地推行既定的改革措施。最终改革的成果逐步显现，自 1983 年初，美国经济开始复苏；英国经济年均增长虽然低于德法等欧洲国家，但与 20 世纪 70 年代相比已有明显的上升。

2. 发挥市场机制，激活市场主体

积极发挥市场配置资源方式，激活微观主体活力，调动其主观能动性，调整政府和市场在配置资源中的比重，提升经济体系的有效产出效

率是里根和撒切尔供给侧改革能够成功推行的关键措施。两国政府在供给侧改革进程中都注重发挥市场在资源配置中的主导作用，使得要素价格成为市场参与主体配置生产要素的"信号灯"和"指挥棒"，最终提高资源配置效率。同时，实施一系列降低企业与个人所得税的经济刺激政策，使得企业形成了稳定的大规模减税预期，有效地减轻了企业经营负担，加之缩减政府投资，进一步提高了企业的投资能力，扩大了企业的投资领域，从而能够更多地将有限的资源持续投入到收益最大化的领域，家庭部门在减税的作用下消费能力也大幅提升，市场主体的活力得到充分的释放。

3. 优化政策组合，提升政策效果

无论是里根政府还是撒切尔政府，在推行供给侧改革时，注重各项政策之间的相互配合和相互协调，根据本国实际制定并实施一揽子的政策组合是里根和撒切尔供给侧改革能够成功推行的重要保障。（1）政策组合兼容供给管理政策和需求管理政策，既发挥供给侧改革政策对于解决结构性问题的积极效果，又没有忽视需求侧政策解决周期性问题的重要作用；（2）政策组合既采取相对通约式的政策手段，如减税、私有化、消除失业以及减少公共服务等，又实施更适用本国实际的政策手段，如里根政府的压缩政府支出以及撒切尔政府减少政府干预与管制，强化自由竞争。

（三）我国供给侧结构性改革与英美的比较分析

值得注意的是，我国当前的供给侧结构性改革与当时的英美两国有着类似的激发微观主体活力，提高资源配置效率，从而促进经济增长等

政策目标。但是两者在发展阶段、供求关系以及政策手段等方面有着诸多明显差别。

第一，发展阶段不同。英美两国当年推进供给侧改革时，人均收入均已经迈入高收入发达国家行列，经济发展主要矛盾是"滞胀"。而我国发展水平当前正处于中上等收入国家行列，经济增长速度维持在中高速阶段，面临的是防止落入"中等收入陷阱"的风险，工业化和城镇化进程仍未完成，在前期刺激政策所导致的过剩产能和国际经济整体下行的背景下通缩压力在持续加大。第二，供求关系不同。当年英美面临的供求状况是产品供给整体不足，社会福利支出偏高等因素引起的财政赤字逐步扩大。当前我国供求关系主要表现为结构性失衡，主要表现为三个方面：（1）供给大于需求，如相关过剩产业和房地产业供给过多；（2）供给小于需求，如教育、医疗和交通等领域的供给不足；（3）供需错配，如传统中低端产品供给过多伴随着高品质的消费品需求提高，社会居民福利低，居民消费率低等诸多问题也限制了居民的需求能力。第三，经济制度不同。英美均实行资本主义私有制，市场经济制度自发演化经历了近三百年的历史，产权、竞争、供求以及价值等相关市场经济要素比较完备，市场经济制度发育较为成熟。而我国自十二大提出"以计划经济为主，市场经济为辅"后，于十四大确立了社会主义市场经济体制的改革目标，直到十五大提出"公有制为主体、多种所有制经济共同发展"，是中国社会主义初级阶段的一项基本经济制度，由此看出，社会主义市场经济制度还亟待完善，仍存在要素配置效率低、市场竞争不充分、要素价格扭曲等问题。第四，政策手段不同。与英美发达国家更多地采取宏观经济调控政策所不同的是，我国实施供给侧结构性改革，既可以采取货币财政政策，又可以采取加快转型升级的产业政策、释放市场活力的微观激励政策，化解社会矛盾和降低风险的社会政策等同宏观经济政策形成政策合力，互为补充。第五，政策思路不同。我国在推进供给侧结构性改革的同时也适当地扩大总需求，两者兼而有之；既突出发展社会生产力，又注重完善生产关系；既发挥市场在资源配置中的决定性作用，又更好发挥政府作用，坚持"市场有效，政府有为"相结合；既着眼短期经济稳定，又立足于解决中长期经济增长动力问题。第六，动力机制不同。英美国家无须在体制上大刀阔斧，而我国要以体制机制改革为抓手，向体制机制改革要动力，不断释放制度红利，激发宏观和微观活力，增强政府、企业等市场主体的改革动力。

有鉴于此，我国供给侧结构性改革并不能照搬照抄当年英美两国的经济政策，应该立足于本国特定的历史发展阶段和内外部条件，通过结构性调整，转变经济发展方式，增强供需结构的适应性和灵活性。

四、推动供给侧结构性改革，释放新需求潜力

过去的发展实践表明，仅仅通过扩大内需的经济调节政策，在短期内可以熨平经济周期性波动，却很难维持长期的经济增长。我国经济目前所呈现出的经济增长速度放缓表面看起来是由于需求不足，其实更深层次的矛盾在于供给侧的结构性问题，经济的长期增长取决于资本、劳动力和技术进步等供给侧因素。因此，需要深入推进供给侧结构性改革，解除供给约束和抑制，释放要素活力，提高潜在经济增长率。同时，适度扩大总需求并提高有效性，使得供给侧与需求侧实现动态均衡，互为促进，相辅相成。

（一）坚定不移推动供给侧结构性改革

十九大报告在论述过去五年的工作和历史性变革时指出，"经济建设取得重大成就，供给侧结构性改革深入推进，经济结构不断优化"。一方面，说明供给侧结构性改革的作用已经显现并且已经进入深入推进阶段，另一方面，说明过去所取得的经济发展成就正是得益于供给侧结构性改革的深入推进，经济结构优化带来了经济的巨大发展。随着供给侧结构性改革的继续深入推进，还将对中国经济发展发挥更加积极的作用，从中长期来看，未来推进供给侧结构性改革的重点主要集中在两个方面。

1.通过政府简政放权激发市场活力，增加有效制度供给

十九大报告指出，"经过长期努力，中国特色社会主义进入了新时代，这是我国发展新的历史方位"，"这个新时代是决胜全面建成小康社会、进而全面建设社会主义现代化强国的时代"。建设现代化强国需要现代化经济体系，两者相辅相成，相互促进。对此，十九大报告中指出，"建设现代化经济体系是跨越关口的迫切要求和我国发展的战略目标"，"着力构建市场机制有效、微观主体有活力、宏观调控有度的经济体制，不断增强我国经济创新力和竞争力"，这实际是对建设现代化经济体系的战略意义、方法和目标进行了全面而准确的阐述。特别是在经济新常态下，通过明确政府与市场边界优化供给侧结构，经济结构的调整由政府主导转变为市场主导。通过市场调节机制优化资源配置，通过理顺政府与企业关系、政府与社会的关系，促使企业家精神充分释放，发挥企业创新驱动引领与支撑的作用。

改革开放以后，中国经济逐步走向市场化，但这种趋势在 2008 年金融危机之后速度有所下降，方式有所偏离。政府对于宏观经济的干预有所加强。未来减少政府干预主要体现在以下三点：（1）对一些竞争性领域放宽准入限制。尤其是在行政性垄断问题突出的领域，如电力、石油、天然气、交通运输、电信以及医疗、教育、文化、体育等公共领域的价格实行全面放开，通过新的投资者的引入来鼓励和加强竞争，构建一个公平、公正和公开的竞争环境，这样才能降低表面看起来过多其实无效的投资，提高投资效率；（2）促进土地、资金和劳动力等各类要素在两级结构层面全面自由流动，一级是城乡结构，主要是围绕户籍制度改革而展开。我国目前还处于城市化进程中，与大城市相比，三四线城市和乡镇发展还有很大的空间，积极推动城乡之间、中小城镇之间的互联互通和基本公共服务均等化进程，取消和户口挂钩的各项社会福利，均可达到促使劳动力等生产要素的自由流动的目的，这些措施会极大地鼓励农村人口进入城市，从而对房地产市场产生需求，在去库存方面有助于盘活存量。另一级是产业结构，尽管目前以服务业为主的第三产业比重已经超过了第二产业，但制造业仍是国家国际竞争力的核心所在，特别是高端装备制造业，直接决定着实体经济的发展，可以借鉴德国制造业的发展经验，产品做强做细，抢占全球产业分工中高附加值的环节，十九大报告在提到深化供给侧结构性改革时指出，"加快建设制造强国，加快发展先进制造业"，正是强调了制造业对提升一国综合实力的重要作用；（3）减少对企业兼并重组的行政干预。"优势劣汰"是市场经济的基本生存法则，允许企业相互之间合法地兼并和重组，甚至破产退出等市场行为是政府对市场经济规律应有的尊重，只有通过市场化的优胜劣汰机制才能去除过剩产能，因为如果效率低下、面临倒闭的企业不退出市场，会有进一步吸取资金等生产要素和资源的内在动力，不仅造成资源的浪费，而且也会拖累有自生能力的企业。但在现有体制条件下，特别是在产能过剩相对集中的重化工领域，大多为国有企业，地方政府干预较多，导致市场机制作用极为有限。企业倒闭破产或许会带来诸如就业等问题，但长此以往，弊大于利。

2. 通过企业自主创新提高全要素生产率，增加有效技术供给

十九大报告中明确指出，"创新是引领发展的第一动力，是建设现代化经济体系的战略支撑"，"必须坚持质量第一、效益优先，以供给侧结构性改革为主线，推动经济发展质量变革、效率变革、动力变革，提高全要素生产率"。所谓"全要素生产率"，通常叫做技术进步率，是新古典学派经济增长理论中用来衡量纯技术进步在生产中的作用指标的又一名称，它是由索洛在 20 世纪 60 年代发现的作为长期经济增长来源的一个组成部分，也被称为"索洛余值"。从我国经济发展新常态的阶段性特征出发，从经济发展面临的不平衡、不协调和不可持续问题着眼，立足于实现经济增长动力转换，完成全面建成小康社会决胜阶段任务，就是努力提高全要素生产率及其对经济增长的贡献率，十九大报告将提高全要素生产率作为最终目的，对如何推动供给侧结构性改革指明了着力点和落脚点。

首先，积极提升传统优势产业、培育新兴产业。十九大报告指出，"推动互联网、大数据、人工智能和实体经济深度融合，在中高端消费、创新引领、绿色低碳、共享经济、现代供应链、人力资本服务等领域培育新增长点、形成新动能，支持传统产业优化升级"。目前，全球经济正处于以信息化、互联网为技术创新代表的第五次大周期的下行阶段，

各国都在积极推动技术变革，通过传统产业的优化升级实现经济的结构性调整，我国必须积极推动"互联网+"战略和《中国制造2025》，推动工业化与信息化的深度融合。通过"互联网+"提高传统制造业效率。实现企业的优胜劣汰，通过兼并重组等方式实现市场出清。积极发挥传统比较优势产业的同时，大力发展新兴产业特别是战略性新兴产业，促使当地进行产业升级，设立新兴产业创业投资引导基金支持新兴产业与新兴业态。

其次，提高产业的自主创新水平，提高产业核心竞争力。十九大报告指出，"深化科技体制改革，建立以企业为主体、市场为导向、产学研深度融合的技术创新体系，加强对中小企业创新的支持，促进科技成果转化，强化知识产权创造、保护、运用"，为如何推动自主创新水平提供了行动路线和方案。各国的创新实践表明，企业是创新的主体，是最活跃的创新单元，政府需要为企业从事创新活动创造良好的制度环境和安排。加大国家研发投入力度的同时，制定创新的精准激励政策；推进科技体制创新，加快科技成果向现实生产力转化；完善风险投资体系，发挥金融在高新技术产业和技术创新中的支持作用；加强对知识产权的保护力度，完善相关法律法规。通过自主创新能力的提高促进产业高端化发展，发挥创新驱动在提高企业供给质量与效率方面的引领与支撑作用。

总而言之，供给侧结构性改革注重以中长期的高质量制度供给统领生产的创新模式，辅以短期需求调控为主的凯恩斯主义模式，在优化供给侧环境机制中，强调以高效的制度供给和开放的市场空间，激发企业创新潜力，为市场创造高品质的产品和服务。

（二）释放新需求潜力

首先，稳定的货币政策。依照凯恩斯经济学中的"有效需求"理论，中国政府采取了以刺激总需求为主要目标的宏观调控政策，特别是在 2008 年金融危机发生之后，宽松的货币政策导致货币供给量逐年增加，大量的货币流向了房地产、金融。基础设施以及传统落后的行业，导致了这些行业不同程度的产能过剩，因此，中央提出"去库存、去杠杆和去产能"，应该看到，宽松的货币政策更适用于需求侧管理，具有短期调控的政策效应，但并不适用于发挥长期效应的供给侧管理。一般而言，供给侧的效应需要更长时间方可显现，因此，相对稳定的货币政策短期内可促进总需求的提升，长期内更有利于供给侧结构性改革。目前中国经济正处于一个结构调整期，政府应该提高对经济下行周期的容忍度，而不是急急忙忙再去实行刺激政策，否则只可能延缓危机发生，掩盖危机的结果是可能带来更严重的危机。

其次，坚持正确的服务业发展取向。加快发展服务业，特点是现代服务业，提高服务业在三次产业结构中的比重，尽快使服务业成为国民经济的主导产业，是推进经济结构调整、扩大总需求的有效路径。改革开放近 40 年以来，随着我国经济由短缺型经济过渡为过剩型经济，从中等偏上收入经济体向高收入经济体过渡，居民消费结构出现新一轮升级转换，由过去的以模仿性为主要特征的"排浪式"消费转向"个性化和多样化"消费，过去以住房交通和食品衣着等实物消费为主，逐渐转变为以服务消费与高质量的实物消费并重。相应地，消费需求的增长也由过去主要依靠数量扩张和价格竞争正逐步转向依靠高质量和差异化，消费者追求的是更好更高的消费品质和体验。但是，我国的第三产业尤其是现代服务业却由于体制障碍而面临着严重的有效供给能力不足。这种供需结构的不对称,在相当程度上抑制了居民消费需求的满足以及消费率的提高。然而,造成现代服务有效供给能力不足、效率低下的主要原因在于体制改革滞后、政府垄断严重以及国有经济比重过高。十九大报告指出,"完善促进消费的体制机制,增强消费对经济发展的基础性作用"。因此,强调供给结构的调整,并不是意味着忽视消费。相反,是强调下一阶段的供给调整必须围绕消费需求的转型升级,借助于体制改革、机制创新、市场开放等相关措施,运用市场机制,淘汰落后产能,构建能够满足新消费结构的产品和现代服务供给体系,形成有效供给,唯有如此,才能顺应消费需求的发展趋势。

最后,积极促进投资增长。理论界目前普遍认为我国投资相对过多,对于经济增长的拉动作用逐渐降低,原因就在于受到边际投资收益递减规律的效应而导致投资回报率减少。其实在当前实际经济增长低于潜在经济增长率的条件下,要使得前者接近后者,便要扩大有效需求,因此,扩大消费需求并不能彻底否定投资需求在稳定增长中的关键作用。投资能否较快增长,关系到经济能否稳定增长。在我国经济结构中,投资依然有很大的发展空间。从供给侧结构性改革来看,"三去一降一补"的效应最终需要落实在投资上。去产能、去库存所推动的产业升级需要投资,去杠杆在一定程度上要依靠投资,企业由于降成本而提高的生产积极性会表现为扩大投资,补短板更是需要加大投资力度;从城镇化、城市基础设施改造以及生态环境保护等领域来看,也需要大量的投资。在过去的发展实践中,我国投资多集中在机场、高速公路基础设施和光伏发电等领域,造成了不同程度的产能过剩。但在城镇化和城市发展过程中,难以直接计价收费或需要由政府财政适当补贴的公共物品,即市政公共基础设施,如市内道路、公共交通、给排水等市政设施等依然不足,特别是广大的中西部地区基础设施仍十分落后，城市道路，乡村公路亟待修缮。当然，这些投资，必须以有效投资为根本，避免过去重复投资、盲目投资的弊端。由此，通过增加有效投资需求所带来的适度扩大总需求，有助于将经济增长保持在一定水平上，增加经济的后劲和韧性。

（郭威：中央党校经济学部副教授）

3

把发展经济的着力点放在实体经济上

党的十九大报告中明确指出，建设现代化经济体系，必须把发展经济的着力点放在实体经济上，把提高供给体系质量作为主攻方向，显著增强我国经济质量优势。

20 世纪 90 年代以来，欧美发达资本主义国家以制造业为代表的实体经济实际利润率持续低迷，在金融自由化和国际化的双重作用下，产业资本大量进入银行、证券、保险等虚拟经济领域，虚拟经济发展迅猛。2008 年国际金融危机之所以爆发，重要原因之一是欧美等国家忽视了实体经济，金融创新过度，加上监管失控，导致虚拟经济过度膨胀，严重脱离了实体经济的发展。

实体经济是相对于虚拟经济而言的，虚拟经济产生于实体经济，对实体经济的发展起到促进作用。尽管"实体经济"一词运用广泛，但是至今仍然没有统一的界定。实体经济通常与"名义经济""货币经济""金融经济"相对应。美国学者彼得·德鲁克就把"实体经济"看作"产品和服务的流通"，并将与实体经济相对立、并列的"符号经济"看作是"资本的运动，外汇以及信用流通"。英国经济学家凯恩斯将整个经济体系划分为以货物和服务为形式的实体经济和以货币和信用为代表的符号经济两大部分。马克思在《资本论》第三卷分析了虚拟资本。马克思认为，虚拟资本是在实体经济生产过程中产生的生息资本借助于增殖运动所带来的收入的资本化。从"资本—派生"的思路来看，凡是由金融系统派生或创造出来的资本都是虚拟资本，能够创造价值的货币资本就是实体资本。因此，可以将资本运行在金融及其派生系统中所形成的经济形态称为虚拟经济；将资本运行在"先用货币资本购买具有特定使用价值的商品劳动力和生产资料，经过生产过程变成了产品，资本家将含有剩余价值的商品拿到市场上出售"这样的循环系统中所形成的经济形态称为实体经济。[①] 党的十六大报告将实体经济界定为："物质的、精神的产品和服务的生产、流通等经济活动，包括农业、工业、交通通信业、商业服务业、建筑业等物质生产和服务部门，也包括教育、文化、知识、信息、艺术、体育等精神产品的生产和服务部门。"因此，实体经济覆盖一、二、三产业，其中一、二产业毋庸置疑，尤其制造业更是实体经济的主体，第三产业分为生产性服务业和生活性服务业，生产性服务业和生活性服务业中的商业、流通等部分也属于实体经济。在新形势下，实体经济的疆域也在不断拓展。《人民日报》2017年3月19日刊文指出，阿里巴巴为代表的新实体经济正在迅速崛起。

一、实体经济是经济社会发展的根基

实体经济直接创造财富，是社会生产力的直接体现，也是一个国家

[①] 王守义、罗丹：《推进我国实体经济与虚拟经济协调发展》，《红旗文稿》2017年第12期，第19页。

综合国力的基础。人类的经济活动，归根结底是为了满足日益增长的物质文化需要。工业化初期和中期阶段，实体经济的核心和主体部分是第二产业特别是制造业。随着经济发展和工业化的加深，第三产业比重会不断提高。一方面，在更发达工业的基础上，生产性服务业将加快增长；另一方面，工业产品价格下降和服务业价格的上涨，使第三产业比重出现显著提高。

纵观世界各国的经济发展历程，实体经济特别是制造业是经济大国和强国崛起的强大支撑。当英国这个第一个"世界工厂"衰落之后，重视实体经济的美国和日本相继发展成为"世界工厂"，成为发达经济体。改革开放之后，我国依靠比较优势，获得了前所未有的发展空间，保持了年均 9.8% 的 30 多年的高速增长，以制造业为核心的实体经济的发展功不可没。当前我国已经成为世界第一制造业大国。我国目前工业生产能力居世界前列，制造业工业增加值比美国、日本、德国的总和还大。有 220 种工业产品产量居世界第一位，生铁产量占到全球的 59%，粗钢产量占全球的 46.3%，煤炭产量占到全球一多半。水泥产量占到世界的 60%，电解铝产量占到世界的 65%。一些产业已经出现产能过剩，但高端制造业和现代服务业发展滞后，存在较大的供给缺口。高端制造业方面，很多重大装备和关键技术仍然依赖进口。集成电路产值不足全球 7%，而市场需求却接近全球 1/3。2016 年中国集成电路进口额高达 2271 亿美元，连续 4 年超过 2000 亿美元，超过石油成为进口额最大的商品。现代服务业方面，无论是法律、咨询、研究开发等生产性服务业，还是教育、医疗、旅游、体育、养老、文化等生活性服务业，发展水平都远低于发达国家，不少领域还存在较大的供给缺口。

首先，我国的城镇化、工业化、信息化和农业现代化都处在中期阶段，对实体经济的发展还有迫切的需求，亟待构筑实体经济的坚实基础。我国 13.83 亿人口，有 2.77 亿农民工，还有 5.9 亿多的人口长期生活在农村，他们目前的生活正处在一个结构调整和转变的过程中，随着收入水平的提高和社会保障体系的逐步完善，这部分人目前潜在的消费需求就会变成现实需求。广大农村的建设水平和基础设施不仅同发达国家而且同国内城市相比都存在较大差距。我们还有很多短板，必须以大规模工业品生产和供应为前提。也就是说，城镇化的需求，必须以更好的工业化为其提供供给。我国农业的科技水平总体还比较低，对现代化农业先进技术的需求空间比较大；我国工业设备也正处在更新换代高峰期，对新技术新设备的需求旺盛。这些都为我国实体经济的发展提供了很大的市场空间。从另一个角度看，我国拥有利用新技术创造新需求的巨大潜能。为人们创造新需求，是保障我国经济持续发展的一个重要方面，而通过创新培育和发展战略性新兴产业引领新需求无疑是一个突破口。其次，要解决所面临的任何影响经济社会持续健康协调发展的重大问题，都必须依靠发达的制造能力和先进的工业技术水平。发展问题只有通过更好的发展来解决，只有依靠更环保的绿色工业体系和更先进的技术水平，才能解决现代化进程中的资源环境制约。再次，发达的工业基础和工业体系是创新型国家的基础。工业是技术创新的主要产业载体，不仅本身是实现科技创新的最重要领域，而且第一、三产业的技术进步也必须以制造业的技术创新和运用为基础。

党的十八大报告指出，要牢牢把握发展实体经济这一坚实基础，实行更加有利于实体经济发展的政策措施，推动战略性新兴产业、先进制造业健康发展，加快传统产业转型升级，推动服务业特别是现代服务业发展壮大，支持小微企业特别是科技型小微企业发展。2013 年 8 月习近平同志在湖北调研时强调，工业是我们的立国之本，工业化对于国家强大至关重要，国家强大要靠实体经济，不能泡沫化。同一年的 8 月底在辽宁考察时，他再次强调，实体经济是国家的本钱，要发展制造业尤其是先进制造业，加强技术创新，加快信息化、工业化融合。2014 年政府工作报告明确要让金融成为一池活水，更好地浇灌小微企业、"三农"等实体经济之树。2014 年 4 月 25 日召开的中共中央政治局会议明确要加大对实体经济的支持力度，夯实经济发展基础。2015 年 7 月习近平总书记在吉林考察时强调，要改善金融服务，疏通金融进入实体经济特别是中小企业、小微企业的管道。2016 年 12 月召开的中央经济工作会议将振兴实体经济作为 2017 年工作重点之一。2017 年两会期间，习近平强调，不论经济发展到什么时候，实体经济都是我国经济发展、在国际经济竞争中赢得主动的根基。2017 年政府工作报告提出要坚持以推进供给侧结构性改革为主线，以创新引领实体经济转型升级。坚持多措并举，着力优化实体经济的发展环境。2017 年 5 月 20 日习近平在广西考察时指出，中国是个大国，必须要做强实体经济，不能"脱实向虚"。要虚实结合，以实为基础。制造业是实体经济的重要组成部分。要以创新驱动，实现新旧动能转换。同时，做好知识和人才的积累。

二、实体经济转型升级面临机遇和挑战

经济发展新常态下，在新一轮科技革命与产业变革中，我国实体经济转型升级面临着机遇和挑战。

从机遇看，我国的经济总量已经居于世界第二位，仅次于美国。有在新一轮科技革命与产业变革中大放异彩的根基：一是产业基础。我国

拥有 39 个工业大类，191 个种类，525 个小类，是全世界唯一拥有联合国产业分类全部工业分类的国家，形成了一个举世无双、行业齐全的工业体系。我国在一些领域拥有竞争优势，例如高铁和核电技术。我国拥有世界一流的高技术企业，例如华为公司，拥有超级网店平台，例如淘宝。二是技术根基。目前我国已经成为专利大国。2016 年国家知识产权局共受理发明专利申请 133.9 万件，同比增长 21.5%，连续 6 年居世界首位。我国很多新技术领域与国外基本处于同一起跑线，有机会实现超越发展，例如在大数据技术领域。大数据技术以开源为主，迄今尚未形成绝对技术垄断。在云计算方面，国内运营商与国外相比没有差距，并且在我国这个巨大的互联网市场上具备本土化优势。云计算的技术特点和开源化趋势为我国企业提供了掌握核心技术、实现局部突破的良好契机。例如在云计算、大数据方面我国有实力雄厚的阿里巴巴、百度等；在 3D 打印技术方面，我国也有一定的竞争优势；在航空航天方面，我国正在成为竞争力中心；在互联网金融方面，我国居于领先地位。因此，我国可以参与新一轮产业革命，而且可以在一定领域发挥引领作用。三是有战略部署。《中国制造 2025》战略蓝图，将坚持"创新驱动、质量为先、绿色发展、结构优化、人才为本"的基本方针，提升中国制造水平；"互联网+"行动计划将推动分享经济和国家大数据战略的实施；正在推行的"大众创业、万众创新"战略正在推动我国创新发展，产业转型升级。

从挑战看，近年来，受多种因素影响，我国实体经济发展遭遇瓶颈。据测算，近几年我国工业平均利润率为 6% 左右，而银行业利润率接近 40%，是工业的 7 倍。《财富》中国 500 强榜单也折射出实体经济与虚拟经济冰火两重天的状况：排名靠前的 10 家银行净利润总和达 1.15 万亿，占到了 500 家企业净利润总和的 42%。资本是趋利的，这就导致了资金、劳动力等生产要素加速从制造业抽离，过度向投机性的金融、房地产交易等领域集聚，人们将这种现象称为"脱实向虚"。这种现象的存在一定程度上影响我国实体经济的发展，挤压了实体经济的发展空间，但实体经济发展的核心问题还是在自身。遏制"脱实向虚"，归根结底要提高实体经济特别是制造业的"含金量"，核心是创新。

2008 年国际金融危机爆发后，发达国家纷纷借助新科技革命带来的机遇，将重新振兴制造业作为应对竞争、实现就业与经济重回增长的基本手段和世界经济再平衡的基本内容，大力发展高技术并鼓励高附加值产业回归。世界主要国家为迎接新科技革命，纷纷把科技作为国家发展战略的核心，出台一系列创新战略和行动计划。美国提出工业互联网和先进制造业 2.0，以互联网激活传统制造，发挥技术优势，占据制造业上游；德国提出工业 4.0，用信息物理系统（CPS）将生产设备智能化，降低成本，提高效率。他们都加大了科技创新投入，在新能源、新材料、信息网络、生物医药、节能环保、低碳技术、绿色经济等重要领域加强布局，更加重视通过科技创新来优化产业结构，驱动可持续发展和提升国家竞争力，力图保持科技前沿领先地位，抢占未来发展制高点。这就意味着，我国未来发展面临的竞争将越来越激烈，发达国家高端发展对我国的产业升级会形成一定的冲击，增加我国转型升级的难度。

三、以创新引领实体经济转型升级

实体经济从来都是我国发展的根基，当务之急是加快转型升级。要深入实施创新驱动发展战略，推动实体经济优化结构，不断提高质量、效益和竞争力。世界经济论坛（WEF）从增长动力角度将经济增长划分为 5 个阶段：要素驱动阶段、要素驱动向效率驱动转换阶段、效率驱动阶段、效率驱动向创新驱动转换阶段和创新驱动阶段。按照 WEF 的标准，一个国家人均 GDP 在 9000—17000 美元（2006 年现价美元）之间时处于效率驱动向创新驱动转换阶段，超过 17000 美元就进入了创新驱动增长阶段。经济增长从需要依靠要素投入和资本积累到主要依靠效率和创新，这个过程符合经济学的一般规律。相对于效率和创新而言，要素投入和资本积累推动经济增长的速度比较快，而以技术进步为支撑的创新能力的提升是一个系统工程，需要科技进步、教育、创新体系建设等多个领域的共同发展，是个长期的过程。我国将要处于效率驱动向创新驱动转换的阶段，我们应该做好制度和政策方面的创新，为发展方式的转变和产业转型升级提供驱动力，实现经济社会的持续健康发展。

（一）提升科技创新能力

科学技术是第一生产力，科技创新已经越来越成为社会生产力发展的重要基础和最重要的驱动力。19 世纪末的电气革命和 20 世纪中叶的电子革命所带来的一批又一批新产品和新产业，实现了经济近半个世纪的持续增长。20 世纪 70 年代之后，伴随着部分产业进入成熟期，经济增长开始放缓。但是经济增长的低谷，往往意味着新的经济增长高峰即将来临。数字化的信息革命已带来 20 世纪 90 年代和 21 世纪前十年的经济繁荣。当前，新的科技革命正在进行，世界正处于新科技革命的前夜。一个国家要发展，一个民族要振兴，离不开科技创新。谁牵住了科技创新这个牛鼻子，谁走好了科技创新这步先手棋，谁就能占领先机、赢得优势。党的十八大提出的实施创新驱动发展战略，就是要推动以科技创新为核心的全面创新。科技革命必然引发产业革命。科技创新及其成果决不能仅仅落在经费上、填在表格里、发表在杂志上，而要面向经济社会发展主战场，转化为经济社会发展第一推动力，转化为人民福祉。科技成果只有同国家需要、人民要求、市场需求相结合，完成从科学研究、实验开发、推广应用的三级跳，才能真正实现创新价值、实现创新驱动发展。

1. 完善对基础研究和原创性研究的长期稳定支持机制。基础研究能力是一个国家科技创新实力的重要体现。原创性基础研究成果不仅能引领该学科未来发展方向，甚至能开创出一个新兴战略性领域，使一国在全球科技舞台上保持领先地位。我国高度重视对基础研究超前部署，中央财政对基础研究的经费投入持续增长，确保基础研究水平的稳步提高。但与发达国家相比，我国仍存在较大差距。美国在基础研究的投入占其研发经费的比重约为 15% 至 20%；日本在基础研究的投入占其研发经费的比重约为 12% 至 17%；德国和法国通常在 20% 左右。多年以来，我国基础投入强度不足 6%。

一是应加大对基础研究的投入，解决基础研究作为公共品而导致的社会资金投入不足困境，引导社会力量提高对基础研究的关注，为建设创新性国家的战略目标构筑坚实基础。在强化竞争性项目经费投入的同时，也应加强对进行基础研究人才队伍的支持，提高对国家重点实验室和科研机构的经费补助以及设备更新支持。另外，在强化对基础研究财政投入的同时，也应鼓励有实力的企业和民间力量开展基础研究。一方面，引导要使其充分认识基础研究对技术竞争力的支撑作用。另一方面，政府应在改善宏观环境、加大知识产权保护方面多下功夫，提高企业自主进行基础研究的意识。支持企业建立重点实验室或与科研院所合作联合建立实验室，推动企业成为技术创新主体，从而为企业长久发展提供战略支撑，为创新驱动发展筑就充满市场活力的微观基础。二是应重视对基础研究领域人才的培养。人才就是科技创新之本，应采取积极措施吸引高水平人才投身基础研究活动。（1）加大对基础学科的扶持力度，支持理工类院校和相关学科的发展，鼓励高水平人才报考理工科，提高自然科学领域基础性人才的数量和质量。（2）鼓励大学生、研究生参与基础研究，给予其充足的科研经费和优越的科研环境，激发其对未知世界的好奇心和探索欲，使其在基础科学领域开拓创新。（3）支持青年人才独立开展基础研究，探索前沿性科学领域，推出高影响力的原创成果。营造宽松自由的科研环境，确保科研人员自主决策，开展原创度高、探索性强的科研活动，产生更多高质量的成果。根据科技人才发展规律，中青年时期一般是科学家取得突破性创新的峰值年龄。从诺贝尔奖获得者年龄看，科学家完成突破性创新的高峰期约 30 至 40 岁。应大力培养和使用具有高水平的中青年科技人才。在严格遴选的前提下，坚持"不拘一格降人才"，加大对青年人才的支持，使我国在前沿性科技领域取得掌控力。

2. 要坚持产业化导向，加强行业共性基础技术研究，努力突破制约产业优化升级的关键核心技术，为实体经济转型升级提供有力支撑。要以培育具有核心竞争力的主导产业为主攻方向，围绕产业链部署创新链，发展科技含量高、市场竞争力强、带动作用大、经济效益好的产业，把科技创新真正落到产业发展上。坚持企业在创新中的主体地位，发挥市场在资源配置中的决定性作用和社会主义制度优势，增强科技进步对经济增长的贡献度，形成新的增长动力源泉，推动经济持续健康发展。当前我国研发投入的 78% 左右是由企业投入的，人才不断向企业集聚，创新成果不断涌现：载人航天、蛟龙号深潜器、特高压输电、第三代核电、大型客机 C919、高速列车等等，企业已经成为技术创新的主体，但地位仍不够牢固，需要进一步强化企业技术创新主体地位。一是要推动生产要素的市场化改革，加快资源价格形成机制改革及产业组织调整，健全反映稀缺性和环境影响的资源价格机制和税收体系，构建促进企业技术创新的压力机制，形成促进企业创新的市场倒逼机制。优化产业环境，消除行政性垄断，提高产业集中度，形成集群创新机制。二是进一步完善市场竞争环境，要建立公平的市场准入规则，要努力消除实际存在的行业垄断和市场分割，构建更加公平公正、开放统一的市场环境，构建普惠性创新支持政策体系，创造各种所有制企业公平竞争、平等获得资源的市场环境。加强知识产权保护，使创新产品、技术、专利等得到有效保护，激发企业创新动力，提升企业创新能力。

3. 深入推进全面创新改革试验各项政策的落实。切实落实高校和科研院所自主权，落实股权期权和分红等激励政策，落实科研经费和项目管理制度改革，让科研人员不再为杂事琐事分心劳神，充分激发科研人员积极性。开展知识产权综合管理改革试点，完善知识产权创造、保护和运用体系：在纵向上打通知识产权创造、运用、保护、管理、服务的链条，在横向上发挥专利、商标、版权等知识产权的综合效应，推动形成符合我国国情和现实需要，符合知识产权发展的内在规律，符合国际通行做法和惯例的知识产权体制机制。深化人才发展体制改革，充分发挥市场在配置人才资源中的决定性作用，向用人主体放权，为人才松绑，实施更加有效的人才引进政策，广聚天下英才。完善教育结构，为实体经济发展培养更多更好的技能人才、创新型技术领军人才。

（二）加快培育壮大新兴产业的同时，大力改造提升传统产业

新兴产业发展潜力大，代表未来产业发展方向，因此加快培育发展新兴产业应是产业转型升级的重点之一。新兴产业的培育发展需要一个过程，加快新材料、人工智能、集成电路、生物制药、第五代移动通信等技术研发和转化，做大做强产业集群。支持和引导分享经济发展，提高社会资源利用效率，便利人民群众生活。本着鼓励创新、包容审慎原则，制定新兴产业监管规则。深化统计管理体制改革，健全新兴产业统计。在互联网时代，各领域发展都需要速度更快、成本更低的信息网络。因此，应推动"互联网＋"深入发展、促进数字经济加快成长，让企业广泛受益、群众普遍受惠。

大力改造提升传统产业。一是通过供给侧结构性改革，充分利用市场机制淘汰落后产能，为先进产能的健康发展腾出空间。二是加强传统产业技术创新。一方面，建立和完善产业共性技术研究中心和公共实验室，为传统产业相关企业技术创新提供技术平台和实验平台；另一方面，通过引进技术并进行消化吸收再创新，或运用自主技术成果对传统产业进行技术升级，促进新产品和新工艺的开发。运用先进技术对传统产业进行改造升级，可以提升传统产业的生产效率和产品质量，降低生产成本，实现传统产业的高端化。三是充分利用互联网、物联网、云计算、大数据等平台，推动传统产业的自动化和智能化。把发展智能制造作为主攻方向。随着我国人口老龄化和劳动力成本的不断提高，研究开发替代劳动力的智能装备，提高传统产业生产设备自动化和智能化水平，实现传统产业由劳动密集型向知识技术密集型的转变，是我国传统产业升级的必然途径。目前，我国制造业自动化程度还不高，与发达国家仍有较大差距。从生产自动化代表性指标智能机器人普及程度看，我国工业机器

人使用密度远低于发达国家，甚至低于世界平均水平。因此，应大力推进国家智能制造示范区、制造业创新中心建设，大力发展先进制造业，推动中国制造向中高端迈进。完善制造强国建设政策体系，以多种方式支持技术改造，促进传统产业焕发新的蓬勃生机。四是以新技术、新业态和新模式推动传统产业管理和营销模式变革，形成能灵敏反映市场变化的触角，提高创新活力和资源配置效率。

（三）持续推进大众创业、万众创新

"大众创业、万众创新"即"双创"，是推动新旧动能转换和经济结构升级的重要力量，是带动就业的有效方式，是促进机会公平和社会纵向流动的现实渠道。"双创"理念由李克强总理在 2014 年 9 月天津夏季达沃斯论坛上首次提出，并连续 3 年写入中国政府工作报告。中国这一理念写入联合国决议，显示出创新作为推动可持续发展重要动力已获得广泛国际共识。从近三年的实践来看，创业生态不断完善：全国已有超过 4200 家众创空间；3000 余家科技企业孵化器；400 余家科技企业加速器；自主创新示范区 17 个；国家高新区 156 个，国家技术转移示范机构达 453 家；技术（产权）交易机构 30 家。创业主体不断扩大：2016年我国全年新登记企业增长 24.5%，平均每天新增 1.5 万户，加上个体工商户等，各类市场主体每天新增 4.5 万户。全国每年新增市场主体近千万户，同比增长超过 40%；仅 2015 年国家高新区新增注册科技型企业超过 10 万家，新吸纳大学毕业生 50 万，已形成接续有序的创业服务链条和良好创新创业生态。培育科技创业企业和团队超过 40 万家，培育上市挂牌企业近 1000 家，提供 180 万个就业岗位。未来要不断引向深入：加快新建一批"双创"示范基地，鼓励大企业和科研院所、高校设立专

业化众创空间，加强对创新型中小微企业支持，打造面向大众的"双创"全程服务体系，使各类主体各展其长、线上线下良性互动，使小企业铺天盖地、大企业顶天立地，市场活力和社会创造力竞相迸发。

（四）全面提升质量水平，注重品牌建设

质量是国家综合实力的集中反映，是打造我国经济升级版的关键。我国经济要保持中高速增长，必须把促进发展的立足点转到提高经济质量效益上来，把注意力放在提高产品和服务质量上来，牢固确立质量即是生命、质量决定发展的价值理念。我国制造业产品质量有待提高。当前，我国平均每年质量损失超过 2000 亿元，远超发达国家，提高产品质量刻不容缓。

企业是提高产品和服务质量的主体。企业要加快技术创新，淘汰落后产能的同时淘汰落后产品，建立健全质量管理体系，发挥体系的过程性和整体性作用。提高从业人员技术技能，培育职业精神，打造责任心强、专业素养高的从业队伍。政府要在建立公平规范的市场秩序上有所作为，强化对产品和服务质量的监管。努力塑造中国产品和服务的良好声誉，不仅在国内市场开花，而且在国际市场名扬，创造"中国质量"的大名片。要努力构建全社会质量共治机制，法制先行。要加快相关法规建设，完善国家标准体系，推进标准的有效性、先进性和适用性建设。加快国内质量安全标准与国际并轨，大力推进内外销产品"同线同标同质"工程，逐步消除国内外市场产品质量差距。广泛开展质量提升行动，鼓励消费者参与产品和服务质量的评价和监督，加强全面质量管理，健全优胜劣汰质量竞争机制。充分利用市场机制倒逼质量提升，形成重视质量、创造质量、享受质量的社会价值。随着中国改革开放的不断加深，

我们将致力于向国内外市场提供更多优质产品和服务，彻底改变中国制造现有的不良声誉，在国内外市场上叫响"中国质量"，重新塑造中国制造的形象和声誉。质量之魂，存于匠心。因此，要大力弘扬工匠精神，厚植工匠文化，恪尽职业操守，崇尚精益求精，培育众多"中国工匠"，推动我国实体经济发展进入质量时代。

在全球500余种主要工业产品中，我国有220多种产量位居世界第一，但自有品牌在世界100强工业产品品牌当中只有一个。品牌是产品附加值的集中体现，品牌是企业核心价值观和竞争力的外部表征。打造更多享誉世界的"中国品牌"，是供给侧结构性改革的重要内容，也是提升和振兴我国制造业的长远目标。企业在品牌建设中，最重要的是提升产品质量和技术含量。其次，应增强创新品牌的意识，要把品牌融入企业战略中去。再次，要注重品牌传播。在品牌传播路径上，随着品牌传播方式的多元化，企业应与消费者建立良好的互动关系，提高其对品牌的参与感。

（五）深化政府职能转变，为实体经济转型升级创造良好的市场环境

党的十八届三中全会做出的《中共中央关于全面深化改革若干重大问题的决定》明确指出，要充分发挥市场在资源配置中的决定性作用和更好发挥政府的作用。除了弥补市场失灵之外，政府最重要的职责就是提供和营造公平的市场环境。一是深化"放管服"改革。对应由市场做主的事项，政府做到少管、不管，最大限度取消企业资质类、项目类等审批审查事项，消除行政审批中部门互为前置的认可程序和条件。完善事中事后监管，以"管"促"放"，深化商事制度、"多审合一""多

规合一"等改革，降低制度性交易成本，进一步完善配套监管措施，严厉打击生产销售假冒伪劣商品，加大知识产权保护，加快社会信用体系建设，探索建立符合创新规律的政府管理制度。二是在落实好已出台各项减税降费措施的同时，完善和落实各项支持创新发展的政策。加快实施普惠性财税、创新产品采购、成果转化激励等政策，加强知识产权运用和保护，改革行业准入和市场监管、科研院所和高校科研管理等制度，完善产业技术创新、人才发展等机制，推进开放合作创新。三是营造尊重创新创业的浓厚氛围。探索容错纠错机制，构建"亲""清"新型政商关系。

（六）深化金融体制改革，增强金融服务实体经济的能力

要避免将虚拟经济与实体经济对立起来的不良倾向，要推动虚实融合发展。正如习近平总书记所强调的：金融要把为实体经济服务作为出发点和落脚点，全面提升服务效率和水平，把更多金融资源配置到经济社会发展的重点领域和薄弱环节，更好满足人民群众和实体经济多样化的金融需求。要补齐直接融资短板，把发展直接融资特别是股权融资放在突出位置，加快资本市场改革，尽快形成融资功能完备、基础制度扎实、市场监管有效、投资者合法权益得到充分保护的多层次市场体系；调整间接融资结构，加快完成国有大银行战略转型，发展普惠金融，发展中小银行和地方金融机构，完善中长期融资制度，满足准公共性产品和基础设施融资需求。

（陈宇学：中央党校经济学部教授）

4

实施乡村振兴战略与区域协调发展战略

习近平总书记在十九大报告中指出："中国特色社会主义进入新时代，我国社会的主要矛盾已经转化为人民日益增长的美好生活需要与不平衡不充分的发展之间的矛盾。"要解决这个矛盾，就必须坚定不移地贯彻"创新、协调、绿色、开放、共享"的发展理念，把协调发展放到极为重要的位置。《中共中央关于制定国民经济和社会发展第十三个五年规划的建议》中强调坚持协调发展，就必须坚持区域协同、城乡一体、物质文明精神文明并重、经济建设国防建设融合，在协调发展中拓宽发展空间、在补强薄弱领域中增强发展的后劲。

协调发展不仅是全面建设小康社会的重要基础，也是建设现代化强国的战略举措。由于资源分布、人口密度、产业布局的非均衡，以及特定时期制度实施的非均衡，导致我国经济社会发展中出现区域发展的不平衡、城乡发展的不平衡以及经济发展与生态建设的不协调。党的十九大报告再次强调"协调发展"的理念，就是要立足全面建设小康社会的需要，着眼于建设现代化强国的发展，着力解决发展不平衡问题，把重点放在城乡区域协调发展上，通过实施乡村振兴战略、区域协调战略，补齐经济发展的短板，增强经济发展的整体性和均衡性。

一、城乡协调发展的新路径：实施乡村振兴战略

从世界各国发展历程来看，在以城市为中心的现代化推进过程中，农村衰落是一个普遍现象。随着农村资源的外流，导致农村空心化、劳力老龄化、土地荒疏化，农业成为国民经济的"短板"，农村成为落后的地域，城市和农村现代化水平落差极大，城乡发展不平衡问题十分突出，严重影响了国家持续发展的动力。拉美国家掉入发展"陷阱"的前例，以及日本、台湾地区出现的老年农村和老年农业现象，都是城乡发展失衡的体现。因此，在现代化过程中，如何振兴乡村是一个世界性的课题。

1. 乡村振兴战略是解决城乡不协调的新思路

习近平总书记在党的十九大报告中，提出了实施乡村振兴战略，强调要坚持农业农村优先发展，按照"产业兴旺、生态宜居、乡风文明、治理有效、生活富裕"的总要求来建设现代化的新乡村。乡村振兴战略的提出，说明在新时代乡村全面发展，对于解决城乡不平衡问题有了新思路。这条新思路是基于国家发展的新需要、乡村新定位而做出的顶层设计：它跳出了围绕城市发展农业农村的思路，从建设现代化强国的高度设计乡村的发展；从城乡一体化的视野来规划乡村的发展；从供给侧改革"补短板"的角度来安排乡村的优先发展。因为乡村振兴关乎全面小康社会的建设，关乎不平衡、不充分发展问题的解决。

认识新时代乡村振兴的重要性。在新时代，人民日益增长的美好生活需要与不平衡不充分发展的矛盾，上升为主要的矛盾，城乡发展的不协调，既是这一主要矛盾的体现，也是解决这一矛盾的突破口，只有乡村优先发展了，解决好农业农村农民问题，才能实现"强起来"的"中国梦"。

首先，乡村发展是推动社会经济发展的基础。一是农业（包括农林牧渔）是确保粮食、食品安全的基础。"粮安天下"，粮食是维持中华民族生存和发展的必需产品，一定要确保三大主粮（小麦、水稻、玉米）的供给，才能保证中国人的饭碗必须装中国人的粮，进而将粮食主权牢牢地掌握在自己的手中。在人地矛盾紧张、城镇化加速、国际粮食竞争激烈的条件下，高度重视农业的发展，推动农业增长，增加粮食产量，确保粮食长久安全尤为重要。"食安天下"，随着我国进入小康时代，人们对食品安全的要求越来越高，农业是食品生产的"第一车间"，是食品安全的源头，食品安全是以农业生产安全为基础的，因此，建设现代农业生产体系，对于确保食品安全也是至关重要。二是农村是社会稳定的基础。"农村稳天下"，我国当前农村户籍人口占全国人口的53%，常住人口约占44%，农村承载着庞大的人口，既使到2030年，我国城镇化率达到70%，人口达到15亿人，仍会有5亿多人生活在农村。再加上搬到农村生活的城市人口，乡村对于整个国家稳定举足轻重。

其次，乡村是国民经济的增长点。农业是国民经济发展的短板，农村也是社会发展的短项。近年来，政府通过各种政策推动现代农业的发展、推动农村城镇化，推动农村治理体系的现代化，取得了可喜的成效。农民可支配收入增长快于城市居民可支配收入的增长，农村消费增长快于城市消费增长，城乡差距由2003年的3.31∶1，缩小到2016年的2.71∶1。农村也成为经济的新增长点。农村信息化的发展，推动了农村电商的发展，城乡产业的融合，加快了"农业＋电商＋物流＋金融＋销售"的现代农业体系建设。农产品加工业成为新常态下增长最快的非周期性产业。2016年，农产品初加工主营收入20万亿元，占GDP（80万亿元）的1/4，强有力地支撑了国民经济的转型调整。从国际经验来看，发达国家工业食品的消费约占饮食消费的 90%，我国尚不足 40%，仍有巨大的成长空间。以绿色生态、农耕文明为基础的乡村旅游业，成为经济发展的新亮点，健体小镇、体验乡村等层出不穷红红火火。在三大黄金周期间，全国有 70% 的城市居民选择到乡村去旅游，每个黄金周形成约 6000 万人次的乡村旅游市场。

农村是劳动力的就业池。随着世界经济增长放缓和我国供给侧结构性改革步伐加快，产业升级、去过剩产能、一般制造业外迁，以及人工智能的推广，多种力量交织在一起，减少了城市就业岗位及非农产业就业需求，相对应的是，农村产业的发展，吸引农民工返乡就业、城里年轻人下乡创业。目前，有迹象表明，随着人工智能的推广，制造业和服务业都将挤出大量的劳动力。有专家预测，未来 30 年将有 40% 的职业消失。就业需求不足，直接影响了农民工的就业，尤其是使大量 80 年前出生的农民工失去工作岗位。据国家统计局农民工监控报告显示，我国 80 年前出生的农民工大约 0.6 亿人。如果经济增长继续放缓、产业升级步伐加快，老一代农民工将最先被挤出，新生代农民工也有失去就业岗位的危险。因此，发展农村产业，分流城市就业压力，是一项重要的任务。

农村是中华文明的教育基地。中华文明是生态文明，几千年来"人与自然和谐"的理念贯穿于农耕活动中，创造了众多"天人合一"的农业生产系统，比如，浙江青田稻鱼共生模式，云南元阳高山梯田等传承生态文明的鲜活案例。农村不仅是农民的聚集地，还是炎黄子孙的老家。每个中华儿女"上溯三代"都是农民，每个炎黄子孙都会"回归故里"、祭拜祖先、瞻仰祖宅、"认祖归宗"。农村是中华民族扎根沃土的"根"据地。中华文明是和谐文明，田园风光、乡风淳朴、邻里和睦、家庭和谐，是人们向往的理想生活。

简言之，在新时期，农村不仅是食品基地、劳动力就业池、城市经济的依附者，而且拥有城市不可替代的经济、文化、保障等多种新功能，是我国经济社会协调发展的重要一极。

2. 创新农村体制机制是实现城乡协调发展的突破口

在新时代，要通过乡村振兴，破解城乡发展不协调问题，就必须建立健全城乡融合发展的体制机制，加快农村体制机制的改革，实现体制机制的对接，使生产要素优先、顺畅地流向乡村，推动农村经济社会的发展。

首先，巩固和完善基本经营制度。党的十八届五中全会提出，要稳定农村土地承包关系，完善土地所有权、承包权、经营权分置办法，即在土地所有权与承包权分离的基础上，实现承包权与经营权的分离，依法推进土地经营权有序流转，培育新型农业经营主体的改革思路。这一改革思路在法律上和实践中碰到一个难点，就是第二轮土地承包即将到期，农民家庭承包权不稳定，极大地影响了土地的流转。党的十九大报告不仅肯定了"三权"分置改革的思路，而且明确提出第二轮土地承包到期后再延长三十年。这不仅给农民吃了定心丸，也为土地的流转、现代农业体系的建设奠定了基础。沿着三权分置改革思路，完善基本经营制度，还要继续做好三项工作：一是完善集体土地所有权，探索土地所有权实现形式。要加快农村集体土地的确权登记办证工作，明晰农村土地产权，实现农村土地的"全覆盖"。2011年国土资源部等四个单位联合出台了《关于加快推进农村集体土地确权登记发证工作的通知》，对农村集体土地确权范围、农村集体土地的所有权主体及代表等进行了明确的规范。据有关资料显示，农村集体土地所有权发证率到2012年底达 98%，登记确认到乡集体的为 5.1%，确认到村集体的为 27.4%，确认到小组集体的为 67.5%。农村集体土地，包括农村集体建设用地、农户宅基地、农业用地，确权登记办证，依法解决了集体土地所有权产权不清、主体不明的问题，为土地流转、入股、转让、租赁以及集体建设用地上市交易等奠定了基础。目前，对农村集体土地所有权实施股份制改造，是广大农民的选择。各地的情况不同，有两种实践模式：一种是以集体建设用地为主的模式；另一种是以农用地为主的模式。以集体建设用地为主的农村土地股份制改革，一般都基于农村人多地少、发展农业难致富和工业化、城镇化的推进需要寻求新的用地空间等因素而产生的。以集体农用地为主的农村土地股份制改革，一般都基于农民种地意愿不高、农业规模经营需求等需要而产生的。据调查，目前全国已有 17 个省（区、市）进行了农村土地股份制改革，占全国省份的 55%。二是明晰农户承包权，推进土地承包权的确权办证。2014 年 11 月 20 日中央办公厅和国务院办公厅印发了《关于引导农村土地经营权有序流转发展农业适度规模经营的意见》，明确提出用 5 年左右的时间，建立土地承包经营权登记制度，承包经营权可以确权到地，通过使用权的方式体现，也可以确股不确地，通过股权的方式体现，从而明确了承包权的两种流转方式。这次确权颁证改革，明确了农民的承包权利。第一，农户土地承包权的物权化，强化土地承包经营权物权保护，明确农户拥有转包、互换、转让、出租、入股的权力，并探索土地承包权退出的有效机制。第二，农户承包地的精准化，解决农户承包地块面积不准、四至不清等问题。很多地方重新对承包地进行测量制图，标明承包地位置、数量、地貌等，保证确权精准。第三，土地承包期的长久化，明确农户承包土地长久不变，任何组织无权调整、收回农户的承包地。三是明确土地经营权，推进土地流转。农户土地承包权与土地经营权的分置，是这次改革的核心内容。通过承包权与经营权的分离，加快土地经营权流转，形成土地的规模经营，培育新型经营主体。明确土地经营权的相应权力：第一，土地经营权是依照合同获得的一定期限经营土地的权力。第二，土地经营权的核心是收益权，在合同规定的期限内，土地经营者可以支配土地，获取相应的收益。第三，拥有用于抵押、担保的权力。四是鼓励种粮大户、家庭农场、农民合作社等多种经营主体，流转土地，扩大规模经营，推动现代农业的发展。以"三权分置"为基础的改革，推动土地资源市场的建设，促进了土地资源的优化配置，维护了财产权益，有力地推动农业规模经营，为农村多种经营主体的发展创造条件。

其次，大力推动农民合作社的发展。农民合作社是代表农民利益，调节农村资源配置，提高农民竞争能力的自组织，是解决小农经济缺陷的重要途径。农民合作社在组织农民链接市场方面发挥不可替代的作用：一是发挥基地组织者和管理者的作用，负责生产基地的建设和管理。二是发挥合作者的作用，与食品加工企业合作，构建加工链条，实现利益共享。三是发挥农产品加工和销售者的作用，直接实现从田野到餐桌的过程，获取附加价值。四是发挥农村金融互助组织的作用，为农户生产生活提供小额贷款、为农民的财富保值增值。（见图一）截至 2016 年，我国已有农业专业合作社 179.4 万个，入社农户占总农户的 44.4%。但是，当前，农民合作社还处在成长阶段，与发达国家合作社相比，仍然存在着农户参与率较低（发达国家农民参与率 90% 以上）、合作社规模小、法律不健全等问题，影响了合作社的发展。因此，要把农民合作社作为推动城乡协调发展的撬动点，通过扶持农民合作社做大做强，提高农民的组织化水平、产业扩展能力、协作合作能力、链接城市市场的能力，从而激发乡村的内生动力，增强与城市接轨的平等实力，从乡村侧实现城乡平衡发展。当务之急，要尽快修订《农民专业合作社法》，让农民合作社依法发展；尽快建立扶持合作社的政策体系，从项目资金、人才培训、信用合作等方面给予支持。尤其是，创新金融业务，建立和完善合作金融体系，解决合作社的资金匮乏问题是重中之重。2016 年农业部在 8 省（市）开展合作社贷款担保保费补助试点，为探索建立政策性农业信贷担保体系的新路子奠定了基础。

图 1

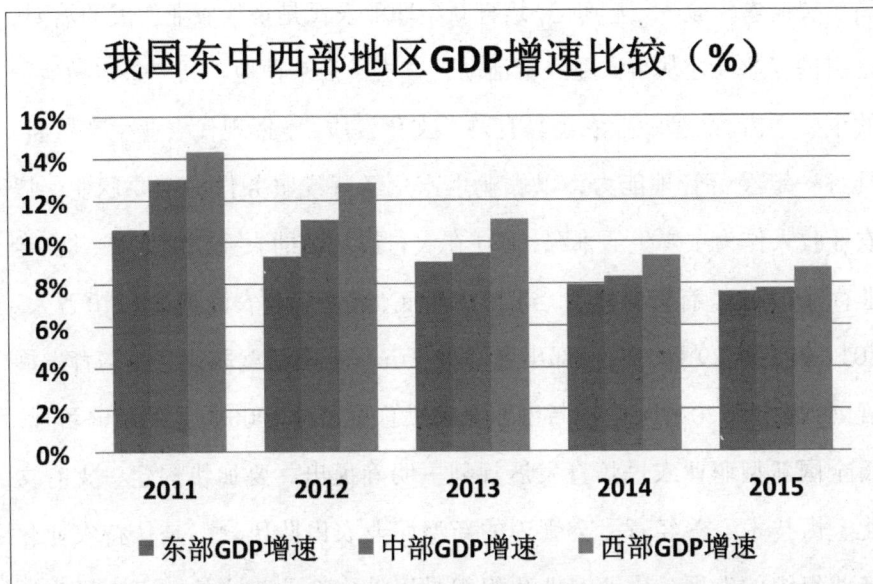

我国东中西部地区GDP增速比较（%）

■东部GDP增速　■中部GDP增速　■西部GDP增速

资料来源：国家统计局网站相关数据。

再次，构建现代农业产业体系。要实现小农户与现代农业有机衔接、促进农村一二三融合发展，就必须改造小农经济，发展现代农业后续产业链，接入现代服务体系，形成一个抗风险、高效益、有竞争力的现代产业体系。一是创新现代农业经营主体。我国小规模、分散的农户经营，已经不适应现代农业发展的需要，也不适应大批量、稳定性的农产品供应要求。因此，在三权分置的基础上，在农民自愿的情况下，推进农业的规模化、标准化、专业化，大力鼓励和支持专业大户、家庭农场、农民合作社、新型职业农民的发展，形成农村多种类型的现代农业经营主体。截至 2016 年底，全国已有各类家庭农场 87.7 万家，其中，经农业部门认定的达到 41.4 万户，平均每个种植业家庭农场经营耕地 170 多亩。据农业部对全国 3000 多户家庭农场生产经营情况的典型监测，家庭农场的年均纯收入达到 25 万元左右，劳均纯收入近 8 万元，高于普通农户收入。尤其是，培育新型职业农民是现代农业发展的需要，是引进专业人才从事农业经营活动，解决"谁来种地"和"怎样种地"的重要举措。新型职业农民具有科学文化素质、掌握现代农业生产技能、具备一定经营管理能力，以农业生产、经营或服务作为主要职业，以农业收入作为主要生活来源，居住在农村或集镇的农业从业人员，是"专业商品"农民。有资料显示，到 2016 年底，新型职业农民超过 1270 万人。2017 年 1 月 29 日，农业部出台"十三五"全国新型职业农民培育发展规划，提出到 2020 年全国新型职业农民总量超过 2000 万人的战略目标。《全国新型职业农民培育发展规划》明确提出，要加快构建一支有文化、懂技术、善经营、会管理的新型职业农民队伍。二是扶持农业化产业组织的发展。农业产业化组织是以涉农企业为主体，以市场为导向，以经济效益为中心，以主导产业、产品为重点，以订单合同、合作、股份合作等方式辐射带动农户，通过资源优化配置，实行区域化布局、专业化生产、规模化建设、系列化加工、社会化服务、企业化管理，形成种养加、产供销、贸工农、农工商、农科教一体化经营的组织。各地产业化组织各有不同，普遍存在的产业组织有"公司＋合作社＋

农户，公司＋基地＋农户，供销合作社＋合作社＋农户，科研院所＋合作社＋农户，电商＋合作社＋农户"等。据统计，目前，我国各类农业产业化组织达到 38.6 万个，辐射带动种植业生产基地约占全国农作物播种面积的六成，带动畜禽饲养量占全国的 2/3 以上；各类产业化经营组织以订单合同、合作、股份合作等方式，辐射带动农户 1 亿多户，户均年增收 3000 多元。其中各类龙头企业达到 12.9 万家，销售收入 9 万多亿元，所提供的农产品及加工制品占农产品市场供应量的 1/3，占主要城市"菜篮子"产品供给的 2/3 以上，涌现出了中粮、新希望、温氏等一批年销售收入超百亿元的大型龙头企业。这些农业产业化组织，在内部实现了一产、二产、三产的融合，形成了一种新型业态，尤其是建立在互联网、电商基础上的新型组织，推动了农业生产方式的转变，加快补齐农业发展的短板。三是完善农业支持保护体系。建立土地流转市场，为农民土地流转提供供求信息、认证登记、流转备案及法律咨询等中介服务，引导土地资源优化配置；建立家庭农场注册登记制度，对家庭农场进行规范管理。要出台家庭农场管理办法，明确家庭农场认定标准、登记办法，尽快把专业大户、家庭农场纳入统计体系，以加强对家庭农场的管理，规范其发展；指定专门扶持政策，在财政、税收、用地、金融、保险等方面，加强对专业大户、家庭农场、新型职业农民的支持；建立农业普惠金融体系，支持各类金融组织下乡，扶持现代农业的发展；完善农业保护体系，增加农村基础设施的投入、加强农业市场体系的建设、试点农业保险与灾害救助相结合的自然灾害的补助政策、完善农产品价格调控机制等等，为现代农业和农村的发展创造条件。

二、区域协调发展的着力点：突破胡焕庸分界线

我国区域发展不平衡问题突出，由于自然和历史的原因，形成东部发达、中部居中、西部欠发达的发展梯次结构，影响了国家整体的发展。要实现经济社会转型，经济结构由外向型转向内需型，加快新型城镇化的进程、挖掘发展的潜能、建设全面小康社会，推动"一带一路"的战略实施，必须要加快中西部，尤其是西部地区的发展，实现区域间的平衡发展。党中央和国务院高度重视区域协调发展问题，尤其是西部地区的发展。几十年来，先后实施了开发西部的大三线建设、西部大开发、中部地区崛起以及各种经济区的建设，尤其是"一带一路"倡议的快速推进，西部地区呈现出很好的发展势头，发展速度加快，基础设施水平提高，对外开放程度提高，人民生活水平改善，一定程度缩小了区域的差距。（见图1）但是，区域发展不平衡问题没有得到根本解决，中西部能否赶上东部的发展水平，必然会影响全面小康社会的建设，进而影响现代化强国的建设。习近平总书记在十九大报告中特别强调了，区域协调发展的重要性，对区域协调发展做了战略性的部署，强力推动区域发展不平衡问题的解决。

1. 胡焕庸线展示了区域发展不平衡的另一种表现

通常情况下，人们观察区域发展不平衡问题，都从地理区位来看区域差距，把全国分为东部、中部、西部三个地带，国家统计局公布年度三大地带的统计数据，可以从 GDP 总量和增速、人均收入、平均受教育水平、城镇化水平等方面考察区域发展不平衡的状况。以 2015 年为例，从东中西部农民可支配收入差值来看，东部高于西部 5204 元，高于中部

3378 元；中部高于西部 1826 元；从城镇居民可支配收入差值来看，东部高于西部 10218 元，高于中部 9882 元，中部仅高于西部 336 元，东部与中西部收入差距很大，而中西部收入差距则较小。从城镇化率来看，2015 年，东部城镇化率达到 65%、中部为 52%、西部地区为 49%，东部高于全国城镇化率 57% 的水平，已经达到《国家新型城镇化规划》确立的 2020 年常住人口城镇化率 60% 的战略目标，而中部和西部的城镇化率则远远低于东部，低于国家的战略目标。显见，我国三大地带发展极不平衡，中西部发展不够充分，差距很大。另外，还有学者从人口分布上研究区域发展的不平衡问题。中国地理学家胡焕庸先生在 1935 年提出的划分我国人口密度的对比线，被称为胡焕庸线，也称"爱辉 – 腾冲线"或称"黑河 – 腾冲线"（见图 2），在该线的东南面 36% 的国土上

图 2

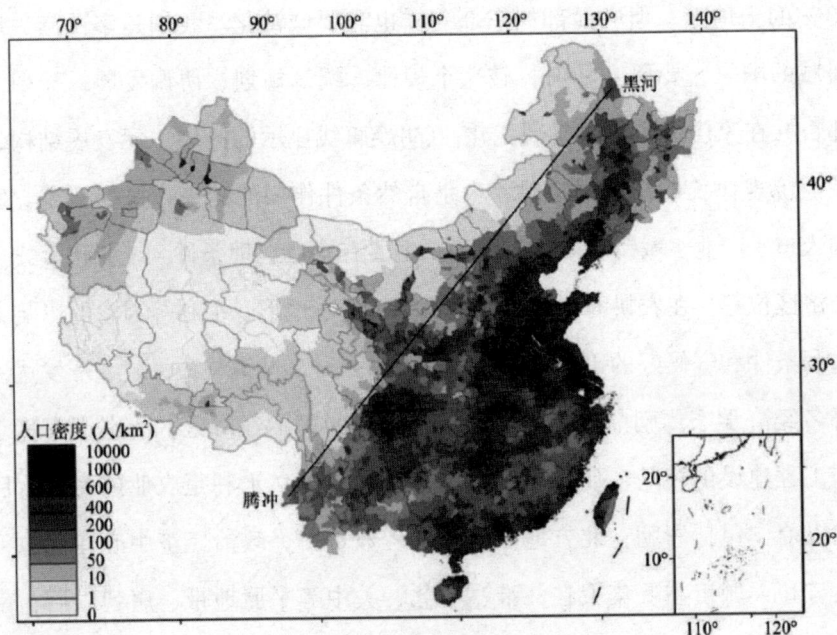

中国人口密度分布图

居住着 96% 的人口，同时，绝大部分的农业和工业都布局在这里。胡焕庸线将我国划分为西北和东南两个区域，从另一个视角展现了我国区域发展的不平衡趋势。据有关资料显示，2000 年在该线东南边拥有 94% 的人口，创造 96% 的 GDP，2016 年，拥有 93.77% 的人口，创造 95.70% 的 GDP。这些数据显示，82 年来胡焕庸线展示的区域发展不平衡状态，基本没有发生改变，线的东南边仍然集聚着 93.77% 的人口和 95.7% 的GDP。胡焕庸线的稳定性，说明解决区域不平衡问题，是一个长期的工程，需要具备多种条件，才能实现历史性的突破。

2. 突破胡焕庸线的历史机遇

2014 年 11 月 27 日，李克强总理在国家博物馆参观人居科学研究展时，指着中国地图上的"胡焕庸线"说，我国 94% 的人口居住在东部43% 的土地上，但中西部如东部一样也需要城镇化。我们是多民族、广疆域的国家，要研究如何打破这个规律，统筹规划、协调发展，让中西部百姓在家门口也能分享现代化。胡焕庸线显示的区域二元发展结构，是经济规律长期作用的结果，也是自然条件作用的结果。概括地说，影响人口、产业、城镇等聚集的原因，主要有自然地理条件、工业化模式、经济区位等。在农耕时代，农业主要受气候、地形、水利等因素的影响，水利条件和气候好的平原地区，往往人口聚集，城镇规模大、经济发达。著名经济学家冀朝鼎先生在《中国历史上的基本经济区》一书中，从水利工程建设的视角，研究了基本经济区的变迁。水利是农业的命脉，唐朝以前，包括唐朝，北方地区水利工程数量多，政治经济中心在北方，人口和大城市主要集聚在江淮、华北、关中等平原地带。唐朝以后，南方得到大规模开发，水利工程建设逐渐增多，以农业为主的基本经济区从北向南变迁，人口也随之从北向南聚集。进入工业时代，海岛国家或两洋国家是工业化主体，由于本土市场容量有限，以海洋为通道向其他国家销售产品和转移资本，以海港为基点的沿海地带成为工业布局的最佳投资区位。工业在市场的作用下，不断地在沿海地带密集，从而吸引人口的密集，进而也促进了城镇的发展。这种工业化也被称为"海权工业化"模式。我国作为一个后起工业化国家，工业分布也受这种工业化模式的影响，形成东部地区工业高度密集的格局，尤其是改革开放以来，随着全球经济一体化的发展，沿海地区的制造业集聚快速，伴随着劳动力空前密集，致使东部地区，如广东、浙江、江苏、福建成为最发达的地区，上海、广州、深圳、杭州等城市成为国际大都市，周边的中等发达城市、特色小镇星罗棋布，创造了 96% 的 GDP。但是，随着经济发展进入新常态，东部地区原有增长动力衰退，也进入了经济结构调整期。党的十八届五中全会提出"创新、协调、绿色、开放、共享"的新发展理念，推动了区域间的协调发展，同时，建设"一带一路"倡议的提出，也为中西部地区的的发展创造了机会，为突破胡焕庸线奠定基础。

首先，"一带一路"倡议的推进，改变了中西部的经济区位。陆上丝绸之路经济带的建设，使胡焕庸线上的西北区域，成为通向中亚、中东、欧洲的新前沿，是欧亚大陆的地理中心，是陆路运输成本最低的区位。丝绸之路经济带的建设，形成与海权工业化不同的以陆路交通为基础的陆权工业化模式。这种模式通过互联互通，构建了联通欧亚大陆的北线、中线、南线的陆上大通道，使中西部的经济区位发生了巨大改变：一是，中西部地区的大城市，如重庆、西安、成都、兰州、乌鲁木齐等经济基础好、大学密集的大城市，成为制造业西迁的新基地；二是，紧靠中亚的西部边疆地区，随着对外开放的深化，也成为物流、商贸、金融服务的聚集地；

三是丝绸之路是"公共产品"，是各个国家和各个民族高度融合的产物，是共同的文化遗产。西部地区历史上是对外开放的桥头堡，是实现各国商贸流通、各个民族文化交融的主要地区，发展文化产业、信息产业，实现文化信息的融合和联通，具有得天独厚的优势。

其次，快速交通网络的建设，改变西部地理环境。"十二五"期间，我国交通建设突飞猛进，已建成四通八达的交通网，使东西南北紧密相连。西部地区新建铁路 1.2 万公里，新建公路 21.5 万公里；新增高铁有：沪昆高铁新晃西至贵阳北段、成贵高铁、贵广高铁、成渝高铁、成绵乐城际铁路、兰新高铁、吐鲁番至库尔勒第二双线、云桂高铁、向莆铁路、南广高铁、湘桂高铁、赣韶铁路、龙厦铁路、广昆复线、中越国际铁路、中缅铁路；建设了约 6.4 万个建制村通硬化路。特别值得一提的是：我国建设了世界上独有的"四纵四横"铁路网，高铁建设发展，不仅使东西南北的物流、人流、财富流得到畅通、快速的流动，强化了区际经济协作，同时，提升了城市的辐射力和带动力，周边地区开始融入大都市圈经济。（见图 3）高铁走出国门，助推各国互联互通的实现，成为中国制造的耀眼名片。按照《国家新型城镇化规划 2014-2020》规划，到 2020 年，我国要实现普通铁路网覆盖 20 万以上人口城市，快速铁路网基本覆盖 50 万以上人口城市；普通国道基本覆盖县城，国家高速公路基本覆盖 20 万以上人口城市。尤其强调增加对县城和重点镇的基础设施投入，补齐公共服务设施的"短板"，投资环境和人居环境得到有效的改善。

再次，生态环境建设，改善西部的自然条件。西北地区处于干旱半干旱地区，地广人稀，由于严重缺水，大片的沙漠、戈壁无法开发和利用，制造业无法大规模布局，除了工业化模式的影响外，自然条件恶劣，也是影响人口聚集和工业化推进的客观因素。西部地区人口和经济

的布局形态表现为"绿洲经济",人们择水而居、殖产兴业。西北很多
地区严重缺水,土地沙漠化,草原退化,人类宜居环境很差,甚至不宜
人类生存。同时,西北地区又是我国的生态屏障、大江大河的发源地,
关乎中华民族的生存和繁衍,比如,青海省是我国著名的三江源。长期
以来,我国不断强化西北地区生态环境的建设,采取了一系列的措施,
对三江源的保护、三北防护林的建设、戈壁沙漠的治理、种草种树、退
耕还林、民生水利工程以及区域的综合治理等,并建立了生态补偿机制、
制定了扶持生态环境建设政策,大大改变了西北地区的生态环境和人居
条件,推动了经济社会的发展。例如,退耕还林政策的实施,使西北的
黄土高坡变绿,黄河水变清,雨水变多,促进了苹果和红枣产业的形成,
使农民收入水平提高、生活条件改善。2014年西部12个省区(含新疆

图3

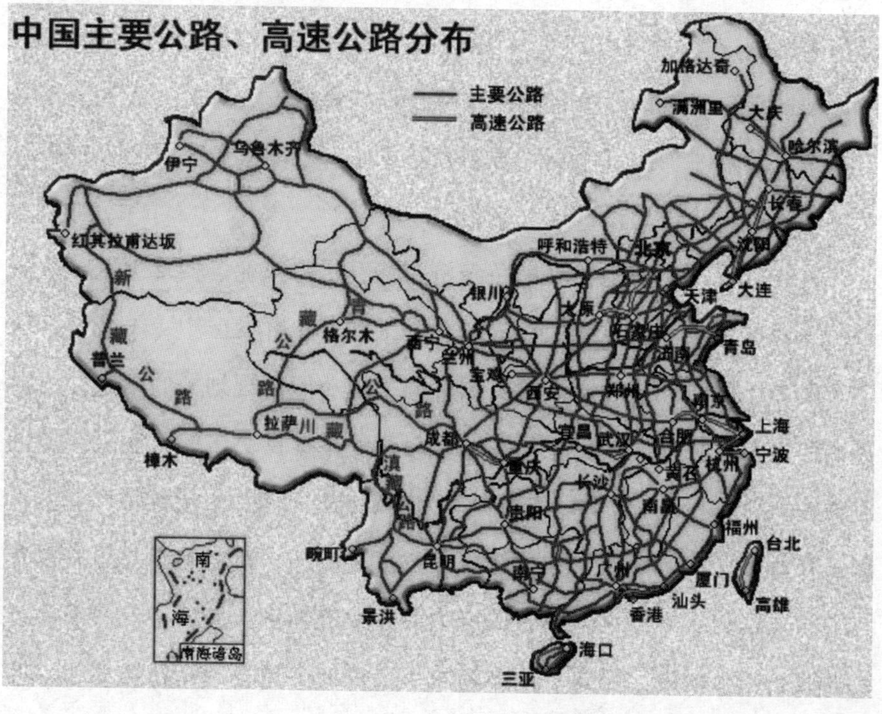

中国主要公路、高速公路分布

兵团）共完成 21.67 万公顷的退耕工程任务，占退耕工程总造林面积的 57.09%。据统计，2015 年，我国退耕还林 63.61 万公顷，公共财政支出退耕还林款 276.04 亿元。特别是我国政府实施长期的扶贫开发工程，制定了综合治理规划，极大地推动西北贫困地区经济社会的发展。

3. 突破胡焕庸线：需要综合推进西北地区的发展

胡焕庸线的稳定性，说明西北地区自然承载力，不能支撑大规模的人口密集和工业化，不可能彻底的改变，只能通过工业化模式、互联互通以及自然生态环境的修复，实现一定程度的突破，实现西北区域经济社会发展水平的均衡化，提高公共服务的均等化，从而缩小人均收入的差距。2016 年的数据显示了突破胡焕庸线的好苗头，人口比 2000 年增加了 0.23%，GDP 比 2000 年增加 0.3%。进入新时代，随着"一带一路"倡议的推进，对开放速度加快，丝绸之路经济带国家互联互通水平的提高，西部地区抓住发展的历史机遇，保持现在的良好发展势头，为人民提供安居乐业的条件，让"中西部人民群众在家门口就能享受现代化的成果"，是可预期的。

首先，因地制宜地发展特色经济，培育优势产业。西部地区，尤其是西北地区，很多的地区处在限制开发区和禁止开发区中，不能进行深度开发和工业化。因此，必须根据《国家主功能区规划》的规定，根据当地的资源优势，发展特色经济和优势产业，提供更多的就业机会和创造更多的财富。一是发展以本地资源为基础的加工业，形成优势产业群。比如，石化工业、煤化工业、纺织业、食品加工、新能源产业等，提升地区的工业化水平，创造财富的能力及就业的需求。又如，陕西的煤，新疆的石油、风电、棉花，西藏的水，宁夏的中药等等，就地加工，可以降低成本、减少运输，消化当地能源（天然气、电力），减少"西气东送""西电东送"的压力，将能源优势转化为经济优势。二是以农业资源、旅游资源为基础发展现代农业和旅游业。西部地区自然资源多样、物种丰富、地貌奇特、文化资源丰富，有利于发展现代农业和乡村旅游。现代农业、乡村旅游是一个富民的产业，可以较快地增加农民的收入。随着我国人民"富起来"后，消费升级，对食品安全、品种多样有了更高的要求，对休闲度假有了更多的需求，多彩的西部迎来发展的市场机遇。我国592个国家重点扶贫县，主要集中在西部地区，是精准扶贫的重点，也是脱贫攻坚的难点。现代农业、乡村旅游业是帮助农民脱贫致富的主要载体。经过多年的扶持，西部地区形成了有竞争优势的农业，比如，陕西的苹果、红枣，宁夏的中药、新疆的水果、西藏的矿泉水等等，品质好、外形美、品牌亮，成为市场消费者喜爱的产品，尤其是经过初加工，实现了保值增值，增加了农民收入。乡村旅游、民俗旅游、文化旅游等是西部的特色优势，九寨沟旅游、延安红色旅游、广西奇特山水旅游、西藏、新疆、宁夏、云南、四川等民族文化、民俗文化的旅游发展很快，形成很多有影响力的旅游品牌，吸引了各类旅游者，创造了大量的就业岗位。三是发展具有区位优势的产业，形成新的区域分工。对能源和气候有特殊要求的新兴产业，比如云计算基地，需要大量电能；不需要大规模运输的轻型产业，比如，芯片、元器件。四是发展为"一带一路"倡议服务的产业，比如，金融服务业、培训服务业、信息服务业、物流业、会展业等等。尤其是发展具有丰富历史文化、弘扬民族文化传统、讲述"中国故事"的文化产业。

其次，加快西部地区的城镇化，发展中小城市。如上所述，我国人口主要聚集在东部沿海地带的超大城市及大城市，中小城镇人口密度较小。据全国第六次人口普查数据显示，中国 8 个超 1000 万人口的特大城市和大城市，人口总和约占总人口的 10%，而中西部大量中小城市人口密集度较低，尤其是 1000 多个县城和 2 万多个小城镇人口密度就更低。加快推进中西部地区的城镇化，吸引外出打工劳动力返乡创业，推动农村劳动力向中小城市或特色小镇转移，是推动城乡协调发展，实现 1 亿人口就地城镇化的重要途径。除了做大做强西部大城市的产业竞争力，提高其对周边地区的辐射能力和带动力，提高城市化水平外，重点推动中小城市的发展，特别是推动县城的小城市化，构建以县城为中心，以特色小镇为基础的农村城镇体系，让农民在家门口就能城镇化。构建乡村城镇化体系，要做好如下几项工作：一是根据我国城市网络体系的规划，制定以县为单位的农村特色小镇发展规划，对县城和特色小镇的功能、产业、用地、环保、建筑、数量等方面，进行合理的定位和科学的设计。二是建立对县城和小城镇特色产业的扶持机制，在项目立项、贷款、税收、国家投资等方面给予优先安排，鼓励城市工业下乡，深度开发和利用当地农村资源，形成具有区域特色的优势产业，支撑农村的就地城镇化。三是以县城和特色小镇为突破口，改革农村宅基地制度和土地管理制度，盘活农民宅基地、集体建设用地，探索适合小城镇发展的土地制度。比如，允许农民以村庄的宅基地置换小城镇的宅基地；允许农民将建房节约的宅基地变现，筹措进城的资金；允许小城镇政府可以通过整理农民宅基地，冲减土地指标后，多余部分可以用于发展产业园区或休闲园区的建设等。小城市与小城镇土地制度的设计应有利于农民进城和市民下乡，提高县城和特色小镇吸引力和发展产业的能力。

再次，加大对西部的投资力度，提高公共服务的水平。西部地区由于经济欠发达，地处偏远，不仅外部资源流入困难，而且本地人才、资本、技术也呈现"孔雀东南飞"的趋势。为了扭转这种趋势，必须从提高西部地区的公共服务均等化水平为突破口，改善西部地区居民的居住环境。十三五期间，除了继续加大西部地区基础设施建设外，还要制定相关政策，鼓励优势教育资源、医疗资源、文化资源向西部倾斜，尤其是投资中小学、大学的建设，提高西部的国民教育水平，投资职业教育学校，培训少数民族青年、贫困农户劳动力，提高他们的就业或创业的能力，扶贫先扶智。制定相关政策，鼓励内地优秀青年、大学生到西部创业和工作，发挥他们的智力优势和创新能力。加大西部地区医疗设施的建设，提高新型农村合作医疗的水平，满足群众看病的需要，等等。尤其是，利用互联网的平台优势，建立资源共享机制，实现远程教育、远程诊断等填补西部与东部的发展"断崖"。可以预期，再经过十三五的建设，西部地区人居环境包括交通、网络、饮用水、教育、医疗、文化等设施和水平，都会得到很大的改善，可以与全国人民一道过上小康生活，走向共同富裕。

随着西部地区，尤其是西北地区环境承载力的提高，新经济区位的形成，人居条件的改善，一定会促进经济社会的发展，城镇化水平的提高，优势产业的形成，解决好生态建设与经济建设的不平衡问题，缩小与东部、中部地区的发展差距，实现对胡焕庸线的突破。

（石霞：中央党校经济学教研部教授）

5

坚持人与自然和谐共生

　　党的十九大宣告中国生态文明建设进入新时代，把坚持人与自然和谐共生的理念作为习近平新时代中国特色社会主义思想的基本方略之一；以推进绿色发展作为加快生态文明体制改革，建设美丽中国的重要手段。党的十八届五中全会通过的《中共中央关于制定国民经济和社会发展第十三个五年规划的建议》对我国"十三五"经济社会发展全局进行顶层设计和战略谋划，要求必须牢固树立绿色发展新理念，实现"生态环境质量总体改善"的目标。

一、坚持人与自然和谐共生

（一）人与自然关系的基本理论

　　人与自然关系是人类社会最基本的关系。这种关系可以从历史与本质两个层面来认识。

　　从历史上看，一部人类文明史就是人与自然关系的发展史：在渔猎文明阶段，人类与自然斗争，人类只能从生态环境获得生存的需要，人类还没有空闲发现自然的美丽；在农业文明阶段，人类开始利用自然，从自然获取资源支撑自身发展，人类逐步学会欣赏自然的美丽；在工业文明初期阶段，人类自认为凌驾于自然之上，大幅从自然攫取资源，把自然破坏得千疮百孔，自然的美丽正在褪色，生态环境恶化得不适合人类生存；在发达工业文明阶段，人类已经能上天入地下海，表面上征服了自然，但是自然也猛烈报复，这时人类开始修复自然，治理污染，重新发现自然的美丽；在生态文明阶段，人与自然的关系才真正实现和谐共生，自然的美丽与人类社会的富强民主文明和谐交相辉映。

从本质上看，习近平总书记明确指出："我们要构筑尊崇自然、绿色发展的生态体系。人类可以利用自然、改造自然，但归根结底是自然的一部分，必须呵护自然，不能凌驾于自然之上。"这一点马克思主义经典作家已经做了反复论述：马克思指出人是自然界的一部分，恩格斯也曾说人本身是自然界的产物。为了自身的发展，人类一直在与自然界进行物质、能量、信息的变换；同时，为了有效率地实现这种变换，人类也一直在不断地设计和创造更有效率和更加公平的社会组织形式。社会本质上是人类生存、发展和追求幸福的人文环境，正如马克思所说："环境的改变和人的活动是一致的。"尽管在人类发展和社会发展的道路上，充满了劫掠、杀戮、暴力、强权、野蛮、不合理，但如同恩格斯所说，人类还是在这条道路上不畏艰难地为"人同自然的和解以及为人类本身的和解开辟道路"。

而人与自然和谐共生是指人与自然是生命共同体，是人与自然关系的一种可持续发展的状态。正如十九大报告提出"人类必须尊重自然、顺应自然、保护自然"。中国的古人早就认识到人与自然和谐共生，提出了天人合一的思想。老子说："人法地，地法天，天法道，道法自然。"道法自然其实就是讲人类要遵循自然规律。孔子说："子钓而不纲，弋不射宿。"意思是不用大网打鱼，不射夜宿之鸟。荀子说："草木荣华滋硕之时则斧斤不入山林，不夭其生，不绝其长也。"《吕氏春秋》中说："竭泽而渔，岂不获得？而明年无鱼。"这些都是讲对自然要取之以时、取之有度。恩格斯也深刻指出："我们不要过分陶醉于我们人类对自然界的胜利。对于每一次这样的胜利，自然界都对我们进行报复。每一次胜利，起初确实取得了我们预期的结果，但是往后和再往后却发生完全不同的、出乎预料的影响，常常把最初的结果又消除了。"正如十九大报告指出："人类只有遵循自然规律才能有效防止在开发利用自然上走弯路，人类对大自然的伤害最终会伤及人类自身，这是无法抗拒的规律。"

生态经济学根据马克思主义关于人与自然关系的思想，针对资本主义过度追求经济增长而导致的严重的生态环境问题而诞生的理论。生态经济学与西方主流经济学不同，不再把生态环境作为一种给定的外界投入品，而是作为可以带来经济效益的资源，把生态环境所提供的生产方式看成为资本的一种类型，称为自然资本。自然资本指太阳能、土地、矿石、化石燃料、水、生物体等自然资源及生态环境各组成部分相互作用提供给人类的服务。自然资本是生态经济学的中心范畴。2015 年 9 月，中共中央政治局审议通过了《生态文明体制改革总体方案》。习近平总书记指出，《方案》是生态文明领域改革的顶层设计。《方案》把习近平总书记关于生态文明的理念进行了总结，提出"自然生态是有价值的，保护自然就是增值自然价值和自然资本的过程"。2016 年 1 月，习近平总书记在省部级主要领导干部学习贯彻十八届五中全会精神专题研讨班开班式上明确指出，"要坚定推进绿色发展，推动自然资本大量增值"。

（二）新时代坚持人与自然和谐共生新思想的基本要求

生态文明的核心就是坚持人与自然和谐共生。[①] 基于这样的出发点，新时代坚持人与自然和谐共生的基本要求，就是要把坚持人与自然和谐共生思想融入新时代的生态文明建设中。党的十九大报告根据习近平新时代中国特色社会主义思想中关于生态文明的理念，提出了新时代坚持人与自然和谐共生的基本要求：

第一，树立和践行绿水青山就是金山银山的理念。实质上就是要协调人与自然的关系及经济发展与生态环境保护间的关系。习近平总书记指出："我们追求人与自然和谐、经济与社会和谐，通俗地讲就是要'两座山'：既要金山银山，又要绿水青山，绿水青山就是金山银山。"

第二，坚持节约资源和保护环境的基本国策。十九大报告强调"坚持节约优先、保护优先、自然恢复为主的方针，形成节约资源和保护环境的空间格局、产业结构、生产方式、生活方式"。习近平总书记指出："节约资源是保护生态环境的根本之策。要大力节约利用资源，推动资源利用方式根本转变，加强全过程节约管理，大幅降低能源、水、土地消耗强度，大力发展循环经济，促进生产、流通、消费过程的减量化、再利用、资源化。"

第三，像对待生命一样对待生态环境。十九大报告强调"着力解决突出环境问题。坚持全民共治、源头防治，持续实施大气污染防治行动，打赢蓝天保卫战。加快水污染防治，实施流域环境和近岸海域综合治理。强化土壤污染管控和修复，加强农业面源污染防治，开展农村人居环境整治行动。加强固体废弃物和垃圾处置"。习近平总书记指出："要把

[①] 党的十九大报告学习辅导百问 .[M]. 北京 : 党建出版社，2017，p.55.

生态环境保护放在更加突出位置，像保护眼睛一样保护生态环境，像对待生命一样对待生态环境，在生态环境保护上一定要算大账、算长远账、算整体账、算综合账，不能因小失大、顾此失彼、寅吃卯粮、急功近利。生态环境保护是一个长期任务，要久久为功。"

第四，统筹山水林田湖草系统治理。保护自然生态系统，要维护人与自然之间形成的生命共同体，要有统筹、系统的思维与做法。十九大报告强调，"加大生态系统保护力度。实施重要生态系统保护和修复重大工程，优化生态安全屏障体系，构建生态廊道和生物多样性保护网络，提升生态系统质量和稳定性。"习近平总书记指出："我们要认识到，山水林田湖是一个生命共同体，人的命脉在田，田的命脉在水，水的命脉在山，山的命脉在土，土的命脉在树。用途管制和生态修复必须遵循自然规律，如果种树的只管种树、治水的只管治水、护田的单纯护田，很容易顾此失彼，最终造成生态的系统性破坏。由一个部门负责领土范围内所有国土空间用途管制职责，对山水林田湖进行统一保护、统一修复是十分必要的。"

第五，实行最严格的生态环境保护制度。十九大报告强调，"改革生态环境监管体制。加强对生态文明建设的总体设计和组织领导，设立国有自然资源资产管理和自然生态监管机构，完善生态环境管理制度，统一行使全民所有自然资源资产所有者职责，统一行使所有国土空间用途管制和生态保护修复职责，统一行使监管城乡各类污染排放和行政执法职责。"习近平总书记指出："完善生态文明制度体系。推动绿色发展，建设生态文明，重在建章立制，用最严格的制度、最严密的法治保护生态环境。"

第六，形成绿色发展方式和生活方式。十九大报告强调，"降低能耗、物耗，实现生产系统和生活系统循环链接。倡导简约适度、绿色低碳的生活方式，反对奢侈浪费和不合理消费，开展创建节约型机关、绿色家庭、绿色学校、绿色社区和绿色出行等行动。"习近平总书记指出："要充分认识形成绿色发展方式和生活方式的重要性、紧迫性、艰巨性，把推动形成绿色发展方式和生活方式摆在更加突出的位置。"

第七，坚定走生产发展、生活富裕、生态良好的文明发展道路。以新发展理念为指导，创新生产方式，改变生活方式。习近平总书记指出："统筹考虑当前发展和未来发展的需要，既积极实现当前发展的目标，又为未来发展创造有利条件，实现自然生态系统和社会经济系统的全面循环，为子孙后代留下充足的发展条件和发展空间，走生产发展、生活富裕、生态良好的文明发展道路。"

第八，为人民创造良好生产生活环境。建设人与自然和谐共生的生态文明，关系人民福祉，关系民族未来。十九大报告强调，"我们要建设的现代化是人与自然和谐共生的现代化，既要创造更多物质财富和精神财富以满足人民日益增长的美好生活需要，也要提供更多优质生态产品以满足人民日益增长的优美生态环境需要。"习近平总书记指出："良好生态环境是最公平的公共产品，是最普惠的民生福祉。"

第九，为全球生态安全作出贡献。保护生态环境是今天的全球共识，但把生态文明建设作为执政党的行动纲领，我们党是第一个，我国的生态文明建设成果已被写入联合国大会报告中。十九大报告强调，"各国人民同心协力，构建人类命运共同体，建设持久和平、普遍安全、共同繁荣、开放包容、清洁美丽的世界。要坚持环境友好，合作应对气候变化，保护好人类赖以生存的地球家园。"习近平总书记指出："到目前为止，地球是人类唯一赖以生存的家园，珍爱和呵护地球是人类的唯一选择。"

二、健全自然资源资产产权

绿色发展领域首要解决的问题是要健全自然资源资产产权制度。自然资源资产产权制度是绿色发展中根本性、关键性的制度，是管根本、管长远、管全局的制度。十八届三中全会明确提出，对水流、森林、山岭、草原、荒地、滩涂等自然生态空间进行统一确权登记，形成归属清晰、权责明确、监管有效的自然资源资产产权制度。2015 年 9 月，中共中央、国务院印发的《生态文明体制改革总体方案》中指出，要明确国土空间的自然资源资产所有者、监管者及其责任。在产权制度方面，要在清晰界定各类自然资源资产产权主体的基础上，对水流、森林、山岭、草原、荒地、滩涂等自然生态空间进行统一确权登记，推进确权登记法治化，着力解决自然资源所有者不到位、所有权边界模糊的问题；在用途管制方面，要构建空间规划体系，推进各类空间性规划"多规合一"，明确各类国土空间开发、利用、保护边界，着力解决无序开发、过度开发、分散开发导致优质耕地和生态空间占用过度、生态环境破坏的问题。

1. 自然资源资产产权的内涵

自然资源资产产权是个新名词，但是产权这个概念在我国市场经济不断深化的今天已经成为民众耳熟能详的概念了。产权是经济所有制关系的法律表现形式，包括所有权（所有人对于所有物的实际上的占领、控制）、管理权（所有人委托其他主体管理所有物的权利）、使用权（依照物的性能和用途对物加以利用，以满足生产和生活的需要的权能）、收益权（收取由原物产生出来的新增经济价值的权能，新增经济价值包括利息和利润）及处分权（决定财产事实上和法律上的命运的权能）。

十九大报告再次强调十八届三中全会提出的"市场在资源配置中的决定性作用"。市场能发挥这种决定性作用,基于一个重要的基本条件——资源稀缺性。稀缺的资源要同时具有两个性质——竞争性与排他性,才可以通过市场来有效地生产和分配。竞争性是某些资源的内在属性,即一个人对资源的消费和使用会减少其他人可以使用的资源数量。排他性是指资源只允许其所有者使用,同时阻止其他人使用。排他性需要政府或社会组织为所有者签订社会协议保障其对资源的使用。这种社会协议便是产权。因此,自然资源资产产权就是指为保障所有者对自然资源资产的排他性而设置的社会协议。

我们理解自然资源时也可称天然资源,一般来说假如获取这个实物的主要工程是收集和纯化,而不是生产,那么这个实物就是一种自然资源。因此,水流、森林、山岭、草原、荒地、滩涂等等,都属于自然资源。同时,作为生态系统和聚居环境的环境资源,如空气、阳光、水体、湿地等也属于自然资源。这就意味着自然资源不仅产生经济价值,还必须实现生态环境价值,兼顾经济与环境的可持续发展。自然资源要转化为自然资源资产,必须满足三个条件:一是具备稀缺性,可以为人类的越来越多需求带来供给;二是产生效益,包括经济效益、社会效益、生态效益;三是有明确的所有权,只有产权明晰了,才能实现转化。自然资源资产同固定资产不同,其中最大区别在于固定资产仅包括劳动价值和稀缺价值两部分,而自然资源资产还包括生态价值。

因此,可以进行一个界定,即自然资源资产产权是对某一种类型自然资源的所有权以及由此而派生出来的管理权、使用权、收益权、处分权等其他有关权利形态的统称,是对产权权利主体,包括政府部门、组织、企业和个人等,对某一种具体自然资源权利属性的清晰界定。自然资源资产产权包括经济产权，以及易被人们所忽略的环境产权。经济产权也就是资源产权，包括矿藏、水流、海洋、森林、山岭、草原、荒地、滩涂等自然资源产权。环境产权是自然资源资产特有的产权，是对生态系统和聚居环境的产权，如排污权、排放权、固体废弃物的弃置权等。由此可见：产权≠所有权，产权＝所有权＋管理权＋使用权＋其他权利。

2. 我国自然资源资产产权领域的问题

改革开放 40 年来，我国市场经济逐步完善，涉及非自然资源资产产权制度，如股权债权、城市房屋产权、知识产权等，已经逐步建立健全。产权制度是社会主义市场经济的一个基石，如果自然资源资产领域的产权不清，所有权人不到位，按照经济学的理论研究来讲，必然会出现所谓的"公地悲剧"，带来生态环境的破坏。目前我国自然资源资产产权领域还普遍存在众多问题。

（1）所有权界定模糊

我国宪法第九条规定："自然资源的矿藏、水流、森林、山岭、草原、荒地、滩涂等自然资源，都属于国家所有，即全民所有；由法律规定属于集体所有的森林和山岭、草原、荒地、滩涂除外。"一般属于国家所有的自然资源所有权由国务院代表国家行使，国务院又委托下一级政府代理行使所有权，通过层层委托代理，最终由分管区域内的地方政府代理行使所有权。在实际操作中，地方政府所行使的所有权受到条块的多元分割，通过分权，将部分所有权分给不同的职能部门。按照这种"代理－分权"模式，地方政府作为国有资源所有者代表地位模糊，产权虚置或弱化。

（2）管理权交叉重叠

自然资源管理涉及环保、发改、交通、住建、农业、水利、海洋等部门，都拥有部分相关管理权，权责交叉重叠、权责不清，互相推诿、效率低下等现象非常普遍。加上所有权与管理权缺乏明确和分置，多个"裁判员"与"运动员"集于一身，形成地区分割、部门分割、城乡分割的"九龙治水"格局。

（3）使用权缺乏明细规定

目前缺乏具体法律法规对于具体自然资源的使用权做出规定，在自然资源使用权的归属、权限范围和取得条件等方面缺乏可操作性的法律条文。自然资源使用权模糊带来的必然结果是自然资源使用和管理的混乱，以及分配自然资源方面的冲突，进而导致自然资源被过度消耗，严重污染。

3. 建立自然资源资产产权制度的政策进程

建立自然资源资产产权制度是一项涉及面极大的系统性工程，因此在2016年底2017年初我国出台了一系列政策来逐步建立与完善这项制度，这些政策都将在2017年落实推进。

2016年11月1日，中央全面深化改革领导小组第29次会议审议通过了《自然资源统一确权登记办法（试行）》。2016年12月20日，国土资源部、中央编办、财政部、环境保护部、水利部、农业部、国家林业局印发《自然资源统一确权登记办法（试行）》。坚持资源公有、物权法定和统一确权的原则，对水流、森林、山岭、草原、荒地、滩涂以及探明储量的矿产资源等自然资源的所有权统一进行确权登记，形成归属清晰、权责明确、监管有效的自然资源资产产权制度。要坚持试点先行，以不动产登记为基础，依照规范内容和程序进行统一登记。

2016 年 12 月 5 日，习近平主持召开中央全面深化改革领导小组第 30 次会议，审议通过了《关于健全国家自然资源资产管理体制试点方案》。会议指出，健全国家自然资源资产管理体制，要按照所有者和管理者分开和一件事由一个部门管理的原则，将所有者职责从自然资源管理部门分离出来，集中统一行使，负责各类全民所有自然资源资产的管理和保护。要坚持资源公有和精简统一效能的原则，重点在整合全民所有自然资源资产所有者职责，探索中央、地方分级代理行使资产所有权，整合设置国有自然资源资产管理机构等方面积极探索尝试，形成可复制可推广的管理模式。

2016 年 12 月 29 日，国务院印发《关于全民所有自然资源资产有偿使用制度改革的指导意见》。通过这项改革，到 2020 年，基本建立产权明晰、权能丰富、规则完善、监管有效、权益落实的全民所有自然资源资产有偿使用制度，使全民所有自然资源资产使用权权利体系更加完善，市场配置资源决定性作用和政府的服务监管作用充分发挥，所有者和使用者权益得到切实维护，自然资源保护和合理利用水平显著提升，自然资源开发利用和保护的生态、经济和社会效益实现有机统一。

2017 年 1 月 11 日，中共中央办公厅、国务院办公厅印发了《关于创新政府配置资源方式的指导意见》，指出要健全国家自然资源资产管理体制。区分自然资源资产所有者和监管者职能，健全国家自然资源资产管理体制，依照法律规定，由国务院代表国家行使所有权，探索建立分级代理行使所有权的体制。

党的十九大再次强调，要"设立国有自然资源资产管理和自然生态监管机构，完善生态环境管理制度，统一行使全民所有自然资源资产所有者职责"。

三、实施绩效评价考核制度

科学的绩效评价考核制度，是推动绿色发展的重要工作。十八大提出"要把资源消耗、环境损害、生态效益纳入经济社会发展评价体系，建立体现生态文明要求的目标体系、考核办法、奖惩机制"。十八届三中全会指出"完善发展成果考核评价体系，纠正单纯以经济增长速度评定政绩的偏向，加大资源消耗、环境损害、生态效益等指标的权重"。"十三五"规划进一步提高绿色指标在全部指标中的权重，把保障人民健康和改善环境质量作为更具约束性的硬指标。2016 年 12 月，中共中央办公厅、国务院办公厅印发《生态文明建设目标评价考核办法》，是我国首次建立生态文明建设目标评价考核制度。2017 年这个办法就要用于省级的评价，各省、自治区、直辖市党委和政府还要参照办法，结合地区实际，制定针对下一级党委和政府的生态文明建设目标评价考核办法。

（一）生态文明建设目标评价考核出台背景

生态文明建设涉及多个部门、多个方面、多个领域。为了更好推进生态文明建设，国家相关部门从各自工作领域陆续推出了衡量生态文明建设情况的指标体系。2012 年 1 月，国家海洋局发布《关于开展"海洋生态文明示范区"建设工作的意见》，提出了优化沿海地区产业结构、加强污染物入海排放管控等指标。2013 年 3 月，水利部印发《关于加快开展全国水生态文明建设试点市工作的通知》，提出要研究制定水生态文明建设评价指标体系。2013 年 5 月，环境保护部印发了《国家生态文明建设试点示范区指标（试行）》的通知，提出了建设生态文明试点示范县（含县级市、区）和生态文明试点示范市（含地级行政区）的指标体系，由生态经济、生态环境、生态人居、生态制度和生态文化五大系统组成。2013年5月，农业部下发《农业部"美丽乡村"创建目标体系》，设置了产业发展、生活舒适、民生和谐、文化传承、支撑保障五个方面的20项指标。2013年9月，国家林业局印发《推进生态文明建设规划纲要（2013-2020年）》，制定了包括到2020年森林覆盖率、森林蓄积量、湿地保有量、自然湿地保护率、新增沙化土地治理面积、义务植树尽责率等指标在内的指标体系。2013年12月，由发展改革委、财政部、国土资源部、水利部、农业部和国家林业局联合制定的《国家生态文明先行示范区建设方案（试行）》推出国家生态文明先行示范区建设指标体系，由经济发展质量、资源能源节约利用、生态建设与环境保护、生态文化培育和体制机制建设五大类别构成。

虽然我国建立了生态文明建设相关的指标体系，但呈现出"九龙治水"的现象，这些指标体系之间缺乏统筹协调，在一定程度上影响了生态文明建设的合理、有序开展。

（1）各个指标体系之间存在矛盾或重复

比如，环境保护部主导的"国家生态文明建设试点示范区"指标体系，与发展改革委主导的"国家生态文明先行示范区"指标体系，虽然都试图体现五位一体的要求，但也都明显表现出各自部门的利益。前者是环境保护部在其原有生态省市县建设指标基础上设计的，综合了该部原有的美丽乡镇、生态工业示范园区、国家生态旅游示范区和国家环保模范城市工作，偏重于环境保护指标的评价。后者则偏重经济增长、能源领

域指标的评价。国家海洋局、国家林业局、水利部、农业部的指标体系
是单纯对各自部门具体工作的评价，这些指标体系与上述两个指标体系
存在众多重复指标，但对同一指标有不同的评价要求。各部门从各自角
度解读生态文明，使现有指标体系基本上都仅关注或侧重局部，忽视了
生态文明的综合性与整体性。

（2）存在多头管理、政出多门、各行其道的做法

这种做法使地方政府莫衷一是，在一定程度上削弱了中央和地方建
设生态文明的合力。各部门实施的指标体系具有一定行业特色，导致地
方政府面临多种考核标准，反复提供相同数据，完成许多重复工作。并且，
现有指标体系只局限于有限的几种资源和环境目标，难以适应不同地区、
行业和部门应对解决多样化资源环境问题的需求。比如，"十一五"规
划实施中，一些地方在行政问责和行政处罚等手段的高压下，为了达到
能耗指标而采取拉闸限电等简单粗暴的做法，直接影响到企业的正常经
营和群众的日常生活。

（3）指标体系的设计过于行政化

生态文明评价指标体系大部分来自中央各个行政部门，是为了完成
行政任务而设计的，缺乏对各利益相关方，比如学术界、法律界、企业、
非政府组织和社会公众的研究与诉求的表达：有的指标缺乏合法性的保
障，比如目前我国正在研究出台碳排放相关的《气候变化法》或《低碳
发展促进法》，限制企业碳排放还处于无法可依阶段，由此碳排放指标
的合法性就存在质疑；有的指标缺乏科学性的保障，比如 PM2.5 的指标
存在同一区域不同环境条件的观测点会导致不同数据的情况，气象部门

与环境保护部门经常为此产生数据纠纷；有的指标没有考虑邻避效应，当前环境群体事件愈演愈烈，其中许多事件中相关企业或设施的环保指标已经达标了，但是由于对周围民众还会有影响，而遭到反对，政府如果单纯只考虑指标达标，就会产生诸多不良影响。

（4）生态文明建设在干部绩效考核指标中所占比重小

经过近几年中央对生态文明建设的重视，地方政府也将生态文明建设这一指标加入了干部绩效考核之中，但是由于之前过度关注 GDP，一切以 GDP 说话，作为考核干部的主要手段，导致现在干部考核中有很大的遗留问题，生态文明绩效评价指标在干部绩效考核之中所占的比例相对较低，无法达到让地方政府干部引起足够重视的作用。由于政府部门庞杂，部门之间有些利益无法协调，生态文明指标又无法准确衡量，导致在干部考核中无法真正做到细致考核，所以地方政府官员在工作时必然更加注重 GDP，轻视生态文明建设指标。

（二）《生态文明建设目标评价考核办法》主要内容

生态只有一个，生态文明建设是一项系统工程，不能简单分割为农业、林业、水利、海洋、环保等各个部门的工作，而应当是建立在相关部门分工基础上的合作与协调。《生态文明建设目标评价考核办法》打破了部门封闭式决策管理模式，发挥政策合力，全面推进绿色发展。

生态文明建设目标评价考核实行党政同责，地方党委和政府领导成员对生态文明建设一岗双责，按照客观公正、科学规范、突出重点、注重实效、奖惩并举的原则进行。生态文明建设目标评价考核在资源环境生态领域有关专项考核的基础上综合开展，采取评价和考核相结合的方式，实行年度评价、五年考核。评价重点评估各地区上一年度生态文明建设进展总体情况，引导各地区落实生态文明建设相关工作，每年开展1次。考核主要考察各地区生态文明建设重点目标任务完成情况，强化省级党委和政府生态文明建设的主体责任，督促各地区自觉推进生态文明建设，每个五年规划期结束后开展1次。

（1）评价的具体办法

生态文明建设年度评价工作由国家统计局、国家发展改革委、环境保护部会同有关部门组织实施。

年度评价按照绿色发展指标体系实施，主要评估各地区资源利用、环境治理、环境质量、生态保护、增长质量、绿色生活、公众满意程度等方面的变化趋势和动态进展，生成各地区绿色发展指数。绿色发展指标体系由国家统计局、国家发展改革委、环境保护部会同有关部门制定，可以根据国民经济和社会发展规划纲要以及生态文明建设进展情况作相应调整。

年度评价应当在每年8月底前完成。年度评价结果应当向社会公布，并纳入生态文明建设目标考核。

（2）考核的具体办法

生态文明建设目标考核工作由国家发展改革委、环境保护部、中央组织部牵头，会同财政部、国土资源部、水利部、农业部、国家统计局、国家林业局、国家海洋局等部门组织实施。

目标考核内容主要包括国民经济和社会发展规划纲要中确定的资源环境约束性指标，以及党中央、国务院部署的生态文明建设重大目标任务完成情况，突出公众的获得感。考核目标体系由国家发展改革委、环境保护部会同有关部门制定，可以根据国民经济和社会发展规划纲要以及生态文明建设进展情况作相应调整。有关部门应当根据国家生态文明建设的总体要求，结合各地区经济社会发展水平、资源环境禀赋等因素，将考核目标科学合理分解落实到各省、自治区、直辖市。

目标考核在五年规划期结束后的次年开展，并于9月底前完成。各省、自治区、直辖市党委和政府应当对照考核目标体系开展自查，在五年规划期结束次年的6月底前，向党中央、国务院报送生态文明建设目标任务完成情况自查报告，并抄送考核牵头部门。资源环境生态领域有关专项考核的实施部门应当在五年规划期结束次年的6月底前，将五年专项考核结果送考核牵头部门。

目标考核采用百分制评分和约束性指标完成情况等相结合的方法，考核结果划分为优秀、良好、合格、不合格四个等级。考核牵头部门汇总各地区考核实际得分以及有关情况，提出考核等级划分、考核结果处理等建议，并结合领导干部自然资源资产离任审计、领导干部环境保护责任离任审计、环境保护督察等结果，形成考核报告。考核报告经党中央、国务院审定后向社会公布，考核结果作为各省、自治区、直辖市党政领导班子和领导干部综合考核评价、干部奖惩任免的重要依据。对考核等级为优秀、生态文明建设工作成效突出的地区，给予通报表扬；对考核等级为不合格的地区，进行通报批评，并约谈其党政主要负责人，提出限期整改要求；对生态环境损害明显、责任事件多发地区的党政主要负责人和相关负责人（含已经调离、提拔、退休的），按照《党政领导干部生态环境损害责任追究办法（试行）》（以下简称《办法》）等规定，进行责任追究。

（3）评价考核的保障措施

国家发展改革委、环境保护部、中央组织部会同国家统计局等部门建立生态文明建设目标评价考核部际协作机制，研究评价考核工作重大问题，提出考核等级划分、考核结果处理等建议，讨论形成考核报告，报请党中央、国务院审定。

生态文明建设目标评价考核采用有关部门组织开展专项考核认定的数据、相关统计和监测数据，以及自然资源资产负债表数据成果，必要时评价考核牵头部门可以对专项考核等数据作进一步核实。

因重大自然灾害等非人为因素导致有关考核目标未完成的，经主管部门核实后，对有关地区相关考核指标得分进行综合判定。

有关部门和各地区应当切实加强生态文明建设领域统计和监测的人员、设备、科研、信息平台等基础能力建设，加大财政支持力度，增加指标调查频率，提高数据的科学性、准确性和一致性。

参与评价考核工作的有关部门和机构应当严格执行工作纪律，坚持原则、实事求是，确保评价考核工作客观公正、依规有序开展。各省、自治区、直辖市不得篡改、伪造或者指使篡改、伪造相关统计和监测数据，对于存在上述问题并被查实的地区，考核等级确定为不合格。对徇私舞弊、瞒报谎报、篡改数据、伪造资料等造成评价考核结果失真失实的，由纪检监察机关和组织（人事）部门按照有关规定严肃追究有关单位和人员责任；涉嫌犯罪的，依法移送司法机关处理。

有关地区对考核结果和责任追究决定有异议的，可以向作出考核结果和责任追究决定的机关和部门提出书面申诉，有关机关和部门应当依据相关规定受理并进行处理。

（三）生态文明建设目标评价考核办法出台的意义

（1）树立绿色发展为导向的"政绩观"

《绿色发展指标体系》提出了资源利用、环境治理、环境质量、生态保护、增长质量、绿色生活、公众满意程度等 7 个方面、共 56 项评价指标，采用综合指数法测算生成绿色发展指数，衡量地方每年生态文明建设的动态进展，侧重于工作引导。

在实践中，许多干部和群众都有认识上的误区，认为发展和保护是一对不可调和的矛盾。《绿色发展指标体系》从引导形成绿色生产方式和生活方式方面，给出解决这个问题的答案。指标设置中"资源利用"部分的指标权数占总权数的 29.3%，在 7 个一级指标中占比最高，反映出转变生产方式是绿色发展的主要要求。

建设生态文明，必须转变发展方式。绿色发展正是适应生态文明建设要求的发展理念和发展模式。生态文明建设不是抑制发展，而是一种有促有控、调优调强的发展，反映了科学发展的内在要求。办法把资源利用、生态环境保护、增长质量等纳入综合考核评价，有利于引导各级党委和政府把经济社会发展和资源环境紧密结合起来，协调发挥资源环境对转型发展的优化保障和约束倒逼作用，推动转变发展方式取得切实成效。

（2）提升老百姓的生态环境"获得感"

当前，以雾霾为代表的生态环境问题，已经成为影响人民群众生命健康的重要问题，也是人民群众关心的现实问题。

《绿色发展指标体系》引入公众对环境质量满意度调查指标，以体现人民群众对绿色发展的获得感，引导全社会树立良好生态环境是公平的公共产品、普惠的民生福祉的新理念。

同时，《生态文明建设考核目标体系》明确了资源利用、生态环境保护、年度评价结果、公众满意程度、生态环境事件等5个方面、共23项考核目标。特别是，在目标赋分上，对生态环境保护等体现人民获得感的部分赋予较高分值。

《办法》把以人为本作为评价考核的出发点和落脚点，突出公众的参与感和获得感，既让人民群众在地方各级党委政府生态文明建设评价考核中有更大的发言权，也保证了评价考核结果与群众切实感受相一致，增强了评价考核结果的可靠性和说服力，对引导全社会共同建设生态文明具有重要意义。

（3）改变原有"GDP"至上的"指挥棒"

根据《办法》，考核结果将作为各省区市党政领导班子和领导干部综合考核评价、干部奖惩任免的重要依据。对考核等级为优秀、生态文明建设工作成效突出的地区，给予通报表扬；对考核等级为不合格的地区，进行通报批评，并约谈其党政主要负责人，提出限期整改要求；对生态环境损害明显、责任事件多发地区的党政主要负责人和相关负责人（含已经调离、提拔、退休的），按照规定进行责任追究。

采取评价与考核相结合的方式，考核重在约束、评价重在引导，可以各有侧重地推动地方党委和政府落实生态文明建设重点目标任务。同时强化结果应用，将考核结果作为省级党政领导班子和领导干部综合考核评价、干部奖惩任免的重要依据，体现"奖惩并举"。

评价考核结果的应用，是整个评价考核工作的关键所在，是推动全国生态文明建设的"指挥棒",把中央关于"不简单以 GDP 论英雄"的要求落到了实处,突出"以绿色发展论英雄",这将改变过去"GDP"至上的"指挥棒",让生态文明建设目标评价考核真正发挥作用。

当然,目前的办法还只是运用于各省、自治区、直辖市党委和政府,还需要各地结合本地区实际,制定针对下一级党委和政府的生态文明建设目标评价考核办法,这样才能真正形成一个覆盖全中国各区域的有效评价考核制度体系。

四、打好污染防治的攻坚战

党的十九大明确提出打好"污染防治的攻坚战"。当前阶段,我国面临的污染主要来自气、水、土三个方面,环保部还针对这三个方面的污染防治建立了三个专门的司局,做了大量的工作。下面我们分析一下气、水、土方面的污染现状,及其近期的防治对策。

(一)大气污染防治

(1)我国大气污染现状

第一,煤炭过量使用导致大气污染严重。工业生产、城市生活供电以及供暖的主要资源为煤炭,工业部门尤其是高耗能部门占总能源消费量的主要部分。据相关研究统计,我国工业产业中,以煤炭为原料的行业在总行业中的占比超过 80%。而煤炭燃烧过程可产生大量硫化物、粉尘和氮氧化物,尤其是近年来细颗粒物污染愈加严重,给人体健康带来极大的危害。

第二，快速城市化导致大中城市大气污染严重。我国多数城市空气质量不容乐观，多数城市的空气污染程度已达到严重污染水平。我国京津冀、长三角、珠三角大经济圈是我国污染相对较重的区域，单位污染物排放强度是全国平均水平的几倍。

第三，大气污染物不断增多且种类复杂。我国大气污染呈复合型变化趋势，污染物种类日益复杂。我国大气污染类型从单一的"煤烟型"向"煤烟＋汽车尾气"转变，污染类型的增多也导致污染物之间的相互作用和反应，形成"二次污染"。

2017 年 1 月，时任环境保护部部长陈吉宁介绍大气污染防治相关问题时指出：2016 年大气质量变化还是很明显的。2016 年北京 PM2.5 浓度是 73 微克 / 每立方米，比 2015 年下降 9.9%，优良天数比例比 2015 年上升 3.1 个百分点，这是北京这几年改善幅度最大的一年。不仅北京在改善，京津冀、长三角、珠三角这三个重点地区都在改善。与 2013 年比，改善的幅度大约在 30% 左右。全国层面上，74 个重点城市 PM2.5 浓度与 2013 年相比改善幅度也是在 30% 左右。改善的速度比发达国家在同一发展阶段还要快一些。当前最大的问题是，冬季改善的幅度非常小，甚至没有多少改善。与 2013 年比有改善，但是 2016 年与 2015 年比没有改善。

（2）大气污染防治的政策措施

2013 年 9 月，国务院印发《水污染防治行动计划》。这是当前和今后一个时期全国大气污染防治工作的行动纲领。"气十条"给出了大气生态系统保护和修复的具体措施。

第一，减少污染排放，加强工业企业大气污染综合治理，全面整治燃煤小锅炉，加快重点行业脱硫、脱硝、除尘改造工程建设。推进挥发性有机物污染治理，综合整治城市扬尘和开展餐饮油烟污染治理。加强城市交通管理，加快淘汰黄标车和老旧车辆，大力发展公共交通，加快推进低速汽车升级换代，推广新能源汽车，加快提升燃油品质，加强油品质监督检查，严厉打击非法生产、销售不合格油品行为。

第二，调整优化产业结构，推动经济转型升级。严控高耗能、高排放行业新增产能，修订高耗能、高污染和资源性行业准入条件，明确资源能源节约和污染物排放等指标；加快淘汰落后产能，结合产业发展实际和环境质量状况，进一步提高环保、能耗、安全、质量等标准，分区域明确落后产能淘汰任务，倒逼产业转型升级；坚决停建产能严重过剩行业违规在建项目。

第三，加快企业技术改造，提高科技创新能力。强化科技研发和推广，支持企业技术中心、国家重点实验室、国家工程实验室建设，推进大型大气光化学模拟仓、大型气溶胶模拟仓等科技基础设施建设；全面推行清洁生产，针对节能减排关键领域和薄弱环节，采用先进适用的技术、工艺和装备，实施清洁生产技术改造；大力发展循环经济，培育壮大节能环保产业，促进重大环保技术装备、产品的创新开发与产业化应用。

第四，加快调整能源结构，增加清洁能源供应。控制煤炭消费总量，制定国家煤炭消费总量中长期控制目标，实行目标责任管理；加快清洁能源替代利用，积极有序发展水电，开发利用地热能、风能、太阳能、生物质能，安全高效发展核电；推进煤炭清洁利用，提高能源使用效率。

第五，严格节能环保准入，优化产业空间布局。调整产业布局，按照主体功能区规划要求，合理确定重点产业发展布局、结构和规模，重大项目原则上布局在优化开发区和重点开发区；强化节能环保指标约束，提高准入门槛，健全重点行业准入条件，公布符合准入条件的企业名单并实施动态管理；优化产业空间布局，严格限制在生态脆弱或环境敏感地区建设"两高"行业项目。

第六，发挥市场机制作用，完善环境经济政策。本着"谁污染、谁负责，多排放、多负担，节能减排得收益、获补偿"的原则，积极推行激励与约束并举的节能减排新机制；中央财政设立专项资金，实施以奖代补政策。调整完善价格、税收等方面的政策，鼓励民间和社会资本进入大气污染防治领域；深化节能环保投融资体制改革，鼓励民间资本和社会资本进入大气污染防治领域。

第七，健全法律法规体系，严格依法监督管理。完善法律法规标准，完善国家监管、地方监管、单位监管的环境监管体制，加强对地方人民政府执行环境法律法规和政策的监督；推进联合执法、区域执法、交叉执法等执法机制创新，明确重点，加大力度，严厉打击环境违法行为；国家定期公布重点城市空气质量排名，建立重污染企业环境信息强制公开制度。

第八，建立区域协作机制，统筹区域环境治理。京津冀、长三角区域建立大气污染防治协作机制，国务院与各省级政府签订目标责任书，将目标任务分解落实到地方人民政府和企业；进行年度考核，严格责任追究。

第九，建立监测预警应急体系，妥善应对重污染天气。环保部门要加强与气象部门的合作，建立重污染天气监测预警体系，要及时发布监测预警信息；制定完善的应急预案，开展重污染天气应急演练；将重污染天气应急响应纳入地方人民政府突发事件应急管理体系，实行政府主要负责人负责制。要依据重污染天气的预警等级，迅速启动应急预案，引导公众做好卫生防护。

第十，明确各方责任，动员全民参与环境保护。地方各级人民政府对本行政区域内的大气环境质量负总责，要根据国家的总体部署及控制目标，制定本地区的实施细则，确定工作重点任务和年度控制指标，完善政策措施，并向社会公开；各有关部门要密切配合、协调力量、统一行动，形成大气污染防治的强大合力；企业要按照环保规范要求，采用先进工艺与技术，确保达标排放；要积极开展多种形式的宣传教育，普及大气污染防治的科学知识，广泛动员社会参与。

（二）水污染防治

（1）我国水污染现状

第一，水环境质量差。我国工业、农业和生活污染排放负荷大，COD（化学需氧量）排放总量达到 2294.6 万吨，NH3-N（废水中氨氮含量指标）排放总量达到 238.5 万吨，远远超过环境容量；全国地表水国控断面中，仍有近十分之一（9.2%）丧失水体使用功能（劣于 V 类），24.6% 的重点湖泊（水库）呈富营养状态；全国有 4778 个地下水监测点，其中 59%的水质为较差甚至极差；全国 9 个重要海湾中有 6 个为差或极差；不少流经城镇的河流沟渠黑臭，水污染事件时有发生。

第二，水资源保障能力脆弱。我国人均水资源占有量少，时空分布严重不均；由于受到气候以及降雨量的影响，局部水资源过度开发，超过水资源可再生能力。海河、黄河、辽河流域水资源开发利用率分别高达106%、82%、76%，远远超过国际公认的40%的水资源开发生态警戒线，严重挤占生态流量，水环境自净能力锐减。

第三，水生态受损严重。过度的围湖造田，侵占河道，降低了湖泊的调蓄能力和行洪能力，加剧了洪水灾害。湿地、海岸带、湖滨、河滨等自然生态空间不断减少，水源涵养能力下降，沿海湿地面积大幅度减少，近岸海域生物多样性降低，渔业资源衰退严重，自然岸线保有率不足35%。

第四，水环境隐患多。我国约有80%的化工、石化项目布设在江河沿岸、人口密集地区；部分饮用水源保护区仍有违法排污、交通线路穿越等现象，对饮水安全构成潜在威胁。突发环境事件频发，1995年以来，全国共发生1.1万起突发水环境事件，仅2014年环境保护部调度处理并上报的98起重大及敏感突发环境事件中，就有60起涉及水污染，严重影响人民群众生产生活。

（2）水污染防治的政策措施

2015年4月，国务院正式发布《水污染防治行动计划》提供了未来一段时间的治水方略。这是当前和今后一个时期全国水污染防治工作的行动纲领及措施。

第一，全面控制污染物排放。针对工业、城镇生活、农业农村和船舶港口等污染来源，提出了相应的减排措施。包括：依法取缔"十小"企业，专项整治"十大"重点行业，集中治理工业集聚区污染；加快城镇污水处理设施建设改造，推进配套管网建设和污泥无害化处理处置；防治畜禽养殖污染，控制农业面源污染，开展农村环境综合整治；提高船舶污染防治水平。

第二，推动经济结构转型升级。调整产业结构、优化空间布局、推进循环发展，既可以推动经济结构转型升级，也是治理水污染的重要手段。

包括：加快淘汰落后产能；结合水质目标，严格环境准入；合理确定产业发展布局、结构和规模；以工业水循环利用、再生水和海水利用推动循环发展等。

第三，着力节约保护水资源。实施最严格水资源管理制度，严控超采地下水，控制用水总量；提高用水效率，抓好工业、城镇和农业节水；科学保护水资源，加强水量调度，保证重要河流生态流量。

第四，强化科技支撑。完善环保技术评价体系，加强共享平台建设，推广示范先进适用技术；要整合现有科技资源，加强基础研究和前瞻技术研发；规范环保产业市场，加快发展环保服务业，推进先进适用技术和装备的产业化。

第五，充分发挥市场机制作用。加快水价改革，完善污水处理费、排污费、水资源费等收费政策，健全税收政策，发挥好价格、税收、收费的杠杆作用。加大政府和社会投入，促进多元投资；通过健全"领跑者"制度、推行绿色信贷、实施跨界补偿等措施，建立有利于水环境治理的激励机制。

第六，严格环境执法监管。加快完善法律法规和标准，加大执法监管力度，严惩各类环境违法行为，严肃查处违规建设项目；加强行政执法与刑事司法衔接，完善监督执法机制；健全水环境监测网络，形成跨部门、区域、流域、海域的污染防治协调机制。

第七，切实加强水环境管理。未达到水质目标要求的地区要制订实施限期达标的工作方案，深化污染物总量控制制度，严格控制各类环境风险，稳妥处置突发水环境污染事件；全面实行排污许可证管理。

第八，全力保障水生态环境安全。建立从水源到水龙头全过程监管机制，定期公布饮水安全状况，科学防治地下水污染，确保饮用水安全；

深化重点流域水污染防治，对江河源头等水质较好的水体保护；重点整治长江口、珠江口、渤海湾、杭州湾等河口海湾污染，严格围填海管理，推进近岸海域环境保护；加大城市黑臭水体治理力度，直辖市、省会城市、计划单列市建成区于2017年底前基本消除黑臭水体。

第九，明确和落实各方责任。建立全国水污染防治工作协作机制。地方政府对当地水环境质量负总责，要制订水污染防治专项工作方案。排污单位要自觉治污、严格守法。分流域、分区域、分海域逐年考核计划实施情况，督促各方履责到位。

第十，强化公众参与和社会监督。

国家定期公布水质最差、最好的10个城市名单和各省（区、市）水环境状况。依法公开水污染防治相关信息，主动接受社会监督。邀请公众、社会组织全程参与重要环保执法行动和重大水污染事件调查，构建全民行动格局。

（三）土壤污染防治

（1）我国土壤污染现状

2014年4月，环境保护部和国土资源部发布了全国土壤污染状况调查公报。根据国务院决定，2005年4月至2013年12月，环境保护部会同国土资源部开展了首次全国土壤污染状况调查。调查的范围是除香港、澳门特别行政区和台湾省以外的陆地国土，调查点位覆盖全部耕地，部分林地、草地、未利用地和建设用地，实际调查面积约630万平方公里。调查采用统一的方法、标准，基本掌握了全国土壤环境总体状况。

我国土壤环境质量受多重因素叠加影响，我国土壤污染是在经济社会发展过程中长期累积形成的。工矿业、农业生产等人类活动和自然背景高是造成土壤污染或超标的主要原因。调查结果显示，全国土壤环境状况总体不容乐观，部分地区土壤污染较重，耕地土壤环境质量堪忧，工矿业废弃地土壤环境问题突出。全国土壤总的点位超标率为16.1%，其中轻微、轻度、中度和重度污染点位比例分别为11.2%、2.3%、1.5%和1.1%。从土地利用类型看，耕地、林地、草地土壤点位超标率分别为19.4%、10.0%、10.4%。从污染类型看，以无机型为主，有机型次之，复合型污染比重较小，无机污染物超标点位数占全部超标点位的82.8%。从污染物超标情况看，镉、汞、砷、铜、铅、铬、锌、镍8种无机污染物点位超标率分别为7.0%、1.6%、2.7%、2.1%、1.5%、1.1%、0.9%、4.8%；六六六、滴滴涕、多环芳烃3类有机污染物点位超标率分别为0.5%、1.9%、1.4%。

我国局部地区土壤污染较重。长江三角洲、珠江三角洲、东北老工业基地等部分区域土壤污染问题较为突出，西南、中南地区土壤重金属超标范围较大；镉、汞、砷、铅4种无机污染物含量分布呈现从西北到东南、从东北到西南方向逐渐升高的态势。工矿企业及其周边土壤环境问题突出，抽样调查显示，污染企业及其周边点位超标率为36.3%、工业废弃地为34.9%、工业园区为29.4%。

（2）土壤污染防治的政策措施

2016年5月，国务院印发《土壤污染防治行动计划》。这是当前和今后一个时期全国土壤污染防治工作的行动纲领。"土十条"继"大气十条""水十条"后，千呼万唤始出来。"土十条"给出了土壤污染防治的具体措施。

第一，开展土壤污染调查，掌握土壤环境质量状况。2018—2020年底前，分别查明农用地和重点行业企业用地污染分布及其环境风险。建立土壤环境质量状况定期调查制度。提高信息化管理水平，建设土壤环境质量监测网络，到2020年实现监测点位所有县（市、区）全覆盖。

第二，推进土壤污染防治立法，建立健全法规标准体系。到2020年，土壤污染防治法律法规体系基本建立。健全土壤污染防治相关标准和技术规范，明确监管重点，强化土壤环境日常监管执法。

第三，实施农用地分类管理，保障农业生产环境安全。按污染程度将农用地划为优先保护类、安全利用类和严格管控类，以耕地为重点，分别采取相应管理措施，保障农产品质量安全。加大土壤保护力度，防控企业污染，着力推进安全利用。到2020年，轻度和中度污染耕地安全利用面积达到4000万亩，重度污染耕地种植结构调整或退耕还林还草面积力争达到2000万亩。

第四，实施建设用地准入管理，防范人居环境风险。建立建设用地调查评估制度，逐步建立污染地块名录及其开发利用的负面清单，分用途明确管理措施。严格用地准入，将土壤环境管理要求纳入城市规划和用地供地管理，土壤开发利用必须符合土壤环境质量要求，合理确定土地用途。建立信息沟通机制，实行部门联动联管。

第五，强化未污染土壤保护，严控新增土壤污染。加强未利用地环境管理。防范建设用地新增污染，排放重点污染物的建设项目，在环评中增加土壤环境影响的评价内容。2017年起，有关地方人民政府要与重点行业企业签订土壤污染防治责任书，明确相关措施和责任并向社会公开。

第六，加强污染源监管，做好土壤污染预防工作。严控工矿污染，建立重点监管企业名单。严防矿产资源开发、涉重金属行业、工业废物处理和企业拆除活动污染土壤。控制农业污染，加强化肥、农药、农膜、畜禽养殖污染防治和灌溉水水质管理。减少生活污染，推进农村生活垃圾治理，实施农村生活污水治理工程，整治非正规垃圾填埋场，强化重金属废物的安全处置。减少过度包装，鼓励使用环境标志产品。

第七，开展污染治理与修复，改善区域土壤环境质量。按照"谁污染，谁治理"原则，落实治理与修复的主体责任。以影响农产品质量和人居环境安全的突出土壤污染问题为重点，制定实施治理与修复规划，建立项目库。到 2020 年，受污染耕地治理与修复面积达到 1000 万亩。强化治理与修复工程监管，实行土壤污染治理与修复终身责任制。

第八，加大科技研发力度，推动环境保护产业发展。整合各类科技资源，加强土壤污染防治研究。加大适用技术推广力度，加快成果转化应用，推动治理与修复产业发展。

第九，发挥政府主导作用，构建土壤环境治理体系。按照"国家统筹、省负总责、市县落实"原则，完善土壤环境管理体制，全面落实属地责任。加大财政投入，设立土壤污染防治专项资金；完善激励政策，发挥市场作用，加强社会监督，引导公众参与，强化政策宣传解读，营造良好社会氛围。

第十，加强目标考核，严格责任追究。明确地方政府主体责任，健全考核评估机制。建立土壤污染防治工作协调机制，加强部门协调联动，形成工作合力。落实企业责任，逐步建立土壤污染治理与修复企业行业自律机制。

（郭兆晖：中央党校经济学部副教授）

6

实施健康中国战略

党的十九大报告中强调，实施健康中国战略。健康中国建设上升到国家战略层面，意味着政府对民众健康问题的重视上升到了前所未有的高度，从经济社会协调发展的高度推进健康保障问题，"提高人民群众健康水平"的工作目标要求有了制度性安排。

一、健康中国战略的背景、内涵与重点任务

健康是促进人的全面发展的必然要求，是经济社会发展的基础条件。实现国民健康长寿，是国家富强、民族振兴的重要标志，也是全国各族人民的共同愿望。健康中国战略是回应人民对美好生活需要的制度安排。

（一）健康中国是满足人民健康需要，提高全民健康素质，改善民生福祉的战略举措

党和国家历来高度重视人民健康。新中国成立以来特别是改革开放以来，我国健康领域改革发展取得显著成就，城乡环境面貌明显改善，全民健身运动蓬勃发展，医疗卫生服务体系日益健全，人民健康水平和身体素质持续提高。2015年我国人均预期寿命已达76.34岁，婴儿死亡率、

5 岁以下儿童死亡率、孕产妇死亡率分别下降到 8.1‰、10.7‰和 20.1/10 万，总体上优于中高收入国家平均水平，为全面建成小康社会奠定了重要基础。中国作为全球最大的发展中国家，用较少的卫生资源，成功地为全球五分之一的人口提供了较好的医疗卫生服务。

同时，工业化、城镇化、人口老龄化、疾病谱系变化、生态环境及生活方式变化等也给全民健康保障带来新的严峻挑战。一是重大传染病防控形势依然严峻。二是慢性病发病人数快速上升。我国现有慢性病患者 2.6 亿人，占总人口的 19.1%，导致的疾病负担占总疾病负担的 70%。[①] 三是生态环境、食品药品安全、饮用水安全等问题对人民群众健康的影响更加突出。四是人口老龄化、新型城镇化对医疗卫生工作的可及性和公平性提出更高要求。老年健康服务需求快速增长，老年照顾、康复护理等服务资源供应缺口很大。总体上说，医疗卫生服务需求的快速增长与服务资源供应的有限性之间的矛盾日益凸显。这就要求从国家层面统筹考虑全民健康保障问题，将工作重点从保障医疗转向保障健康。从源头抓起，通过营造健康环境、开展健康教育、倡导健康生活、培育健康人群，调动社会各方力量参与，让人们不生病、少生病，将宝贵的医疗资源引导到健康保障领域，预防为主的卫生工作方针落在实处。

（二）健康中国战略的内涵

习近平总书记指出："没有全民健康，就没有全面小康。"2015 年 2 月，李克强总理在政府工作报告中首次提出"打造健康中国"。党的十八届五中全会进一步提出了"推进健康中国建设"的任务要求。2016 年 10 月，

---

① 李滔、王秀峰：《健康中国的内涵与实现路径》，《卫生经济研究》，2016 年 1 期。

中共中央、国务院印发了《"健康中国2030"规划纲要》，明确将推进健康中国建设作为全面提升中华民族健康素质、实现人民健康与经济社会协调发展的国家战略，并提出了未来一个时期推进健康中国建设的目标、原则和主要任务。党的十九大报告中指出，人民健康是民族昌盛和国家富强的重要标志。要完善国民健康政策，为人民群众提供全方位全周期健康服务。深化医药卫生体制改革，全面建立中国特色基本医疗卫生制度、医疗保障制度和优质高效的医疗卫生服务体系和全科医生队伍建设。全面取消以药养医，健全药品供应保障制度。坚持预防为主，深入开展爱国卫生运动，倡导健康文明生活方式，预防控制重大疾病。实施食品安全战略，让人民吃得放心。坚持中西医并重，传承发展中医药事业。支持社会办医，发展健康产业，促进生育政策和相关经济社会政策配套衔接，加强人口发展战略研究。积极应对人口老龄化，构建养老、孝老、敬老政策体系和社会环境，推进医养结合，加快老龄事业和产业发展。

健康中国战略是以人民健康为中心，以基层服务为重点，以改革创新为动力，预防为主，中西医并重，把健康融入所有政策，人民共建共享的卫生与健康工作方针。针对生活行为方式、生产生活环境以及医疗卫生服务等健康影响因素，坚持政府主导与调动社会、个人的积极性相结合，推动人人参与、人人尽力、人人享有，推行健康生活方式，减少疾病发生，强化早诊断、早治疗、早康复，实现全民健康。

健康中国的总目标是按照全面建设小康社会的要求，从大健康、大卫生的高度出发，将健康融入经济社会发展各项政策，打造健康环境和健康社会，培育健康人群，发展健康产业，建立起更加公平有效的基本医疗卫生制度，形成以健康为中心的经济社会发展模式，实现人人享有健康的生产生活环境和社会环境，人人形成健康的生活方式和行为方式，人人享有有效方便的医疗卫生服务，地区间人群健康差异明显缩小，大幅度提高全民健康水平。

1. 营造健康环境。有效控制影响健康的危险因素，完善环境维护和文化体育等基础设施，改善生态环境，完善健康支持性环境，建立有利于健康的自然环境，实现人人享有健康的生产生活环境。

2. 建设健康社会。转变社会发展模式，以人的健康为根本出发点和落脚点，完善社会制度，提高基本公共服务水平，健全公共安全保障体系，完善社会支持系统，构建和谐的社会关系，形成有利于健康的社会发展模式。

3. 培育健康人群。建立完善基本医疗卫生制度，有效防控重大疾病，全面优化健康服务，培养传播健康文化，提升健康素养，改善重点人群健康状况，形成有利于健康的生活方式和行为方式，实现人人病有所医。

4. 发展健康产业。转变经济发展方式，将健康需求作为拉动内需的重要抓手，在经济结构转型升级的过程中大力发展健康服务业，推动形成有利于健康的经济发展模式。

（三）健康中国建设的主要任务

共建共享是建设健康中国战略实施的基本路径。通过强化个人健康责任，提高全民健康素养，引导形成自主自律、符合自身特点的健康生活方式，有效控制影响健康的生活行为因素，形成热爱健康、追求健康、促进健康的社会氛围。全民健康是健康中国战略的奋斗目标。健康服务立足全人群和全生命周期两个着力点，制度安排着力于实现更高水平的全民健康。通过健康中国建设，让健康服务惠及全体人民，不断扩展服务内容、提高服务质量，使全体人民享有同经济社会发展相协调的、有质量的、可负担的基本公共服务，突出解决好妇女儿童、老年人、残疾人、低收入人群等重点人群的健康问题。健康服务要覆盖全生命周期，针对生命不同阶段的主要健康问题及主要影响因素，确定若干优先领域，强化干预，实现从胎儿到生命终点的全程健康服务和健康保障，全面维护人民健康。

1. 实施健康教育。根据世界卫生组织的研究，决定一个人健康状况的首要因素不是医疗服务，而是健康的生活方式。生活方式对健康的影响效果达到60%，而医疗服务的影响只有7%。健康教育就是对健康的投资，通过教育引导人们养成健康的生活习惯和行为方式，不生病、少生病，这是从根本上解决医疗资源供给与需求缺口的治本之策。将健康教育纳入国民教育体系，把健康教育作为所有教育阶段素质教育的重要内容。以中小学为重点，建立学校健康教育推进机制，构建相关学科教学与教育活动相结合、课堂教育与课外实践相结合、经常性宣传教育与集中式宣传教育相结合的健康教育模式。

2. 引导健康行为。首先是合理膳食。全面普及膳食营养知识，发布适合不同人群特点的膳食指南，引导居民形成科学的膳食习惯，推进健康饮食文化建设。建立健全居民营养监测制度，对重点区域、重点人群实施营养干预，重点解决微量营养素缺乏、部分人群油脂等高热能食物摄入过多等问题，逐步解决居民营养不足与营养过剩并存问题。其次，开展控烟限酒。全面推进控烟履约，加大控烟力度，运用价格、税收、法律等手段提高控烟成效。加强限酒健康教育，控制酒精过度使用，减少酗酒，加强有害使用酒精监测。

3. 提高全民身体素质。完善全民健身公共服务体系。在城镇化推进过程中，城市规划要统筹全民健身公共设施，加强健身场地设施建设。广泛开展全民健身运动，继续制定实施全民健身计划，普及科学健身知识和健身方法，推动全民健身生活化。组织社会体育指导员广泛开展全民健身指导服务。实施国家体育锻炼标准，发展群众健身休闲活动，丰富和完善全民健身体系。大力发展群众喜闻乐见的运动项目，鼓励开发适合不同人群、不同地域特点的特色运动项目，扶持推广太极拳、健身气功等民族民俗民间传统运动项目。

4.优化健康服务。针对疾病谱系的变化，对健康影响最大的疾病从急性病转为慢性病，实施慢性病综合防控战略。强化慢性病筛查和早期发现，对高血压、糖尿病患者的管理干预全覆盖，逐步将符合条件的癌症、脑卒中等重大慢性病早诊早治适宜技术纳入诊疗常规。加强学生近视、肥胖等常见病防治。到 2030 年，实现全人群、全生命周期的慢性病健康管理。推进基本公共卫生服务均等化，让城乡居民享有均等化的基本公共卫生服务。

5.完善医疗卫生服务体系。逐步建成体系完整、分工明确、功能互补、密切协作、运行高效的整合型医疗卫生服务体系，让医疗服务成为方便可及、质量可靠、成本可负担的服务项目。

二、健康中国建设中的医疗保障体系

医疗保障体系作为健康服务的资源筹集和供应体系，是健康中国战略实施过程中的重要制度安排。目前，我国已经建立起覆盖全体国民的基本医疗保障体系，全民医保已经在制度层面实现。未来健全的医疗保障体系由基本医疗保障和补充性医疗保障两个相互协调的层次构成。在这个体系中，政府、保险经办机构（包括社会保险、商业保险等机构）、个人、医疗服务机构、药品供应企业都是利益相关方。医疗保障体系建设和完善的目标是高效利用现有医疗服务资源，引导资源配置到最需要的地方和人群，提高宏观医疗卫生绩效，减轻患者负担，解决看病贵的问题。

（一）医疗保障体系建设的成就

党的十八大以来，通过实施全民参保计划，全民医保制度体系得以建立。参保人数一直稳定在13亿以上，参保率达到95%以上，基本实现了应保尽保，个人医疗费用支出占总医疗卫生费用支出的比重降低到30%，城乡居民看病贵的问题得到有效缓解。全民医保体系的建立为健康中国建设提供了稳定的筹资机制，政府对城乡居民医保的补助连年增加，已从2009年的人均80元增加到2017年的450元。随着筹资水平的提高，保障能力逐步增强，城乡居民基本医保政策范围内报销比例达到75%，职工基本医保政策范围内报销比例达到80%。"病有所医"的改革目标有了坚实的制度保障。

（二）医疗保障体系面临的挑战

健康中国建设对医疗保障体系的完善提出了更高的要求，全民医保还面临不少的挑战。首先，基本医疗保障的公平性面临挑战。我国正在经历快速城镇化过程，地区间人口流动性不断增大，客观上要求全体人民在统一的制度安排下享受到基本医疗保障。目前，基本医疗保障中城乡居民医疗保险的统筹层次较低，各地筹资水平受地方财力影响差距较大，医疗服务水平也有较大差距。要真正实现全民医保、全民健康、全面小康的融合发展，要将基本医疗保险制度作为基本公共服务均等化的重要内容，让全体人民在统一的制度安排下享受到基本医疗保障。其次，重大疾病患者享受到的保障不足。从现行的制度安排看，医保目录将一部分重大疾病或医药费用项目排除在报销范围之外，一部分重大疾病患者需要自己承担高额医疗费用。因病致贫、因病返贫仍然是贫困发生的重要原因之一。在医疗保障资源有限的约束条件下，保大病还是保小病是医疗保障政策必须做出的两难选择。前些年，为了提高人们的参保积极性，医疗保障体系的相当部分资源用于保小病。下一步，在居民参保意识不断增强，参保率保持在高位的情况下，应该进一步落实"保基本、保大病"的基本医疗保障原则，真正让医疗保险发挥大数法则的作用，形成小病自付比例高，大病自付比例低的保障格局。再次，医疗保障费用支出快速上涨，超过经济增长速度。医疗保障费用支出上涨速度超过经济增长速度，这是世界各个国家面临的普遍问题。造成这种现象的原因很多，一方面是医疗技术和药品研发的进步，医疗服务水平提高，相应的医疗成本也在上升。另一方面是医疗保障系统的管理能力不足，存在资源浪费和资源错配。解决医保费用增长快于经济增长的问题，一方面需要依靠医疗技术进步，寻找低成本高质量的医疗服务方案；另一方面要提高医疗保障的管理水平，防止无效医疗和过度医疗，让宝贵的医疗资源最大限度地发挥作用。

（三）完善医疗保障体系

健康中国战略为医疗保障体系发展提供了新机遇。要坚持在"大健康"思想指导下建设有中国特色的多层次医疗保障体系。

1.发展多层次医疗保障体系，聚合多方力量，提高资源配置效率。医疗保障问题是世界性的难题，医疗资源的有限性和医疗服务需求的无限性是一对始终存在的矛盾。因此，不能寄希望于基本医疗保障一个制度解决健康问题，政府财力也不可能提供全面的医疗保障。多层次的医疗保障应该由基本医疗保障和补充性医疗保障两个部分组成。基本医疗保障解决两个问题：一是常见病、多发病的适宜诊疗技术的费用保障；二是医疗费用较高的重大疾病的费用保障，防止因病致贫和因病返贫，体现社会共济原则。补充性医疗保障则是通过大数法则，让有一定支付能力的人群通过参加商业保险和互助合作保险，对疾病发生的风险进行管理和分散。补充性商业保险的资金可以更多地投入健康服务和健康教育，让资金发挥更大的作用。

2. 加大管理创新力度，费用控制更加科学有效。管理方式从行政管理方式向社会治理机制转变，激发医保经办机构、医疗服务机构和医药提供单位等各方面在费用控制上的积极性，在保证质量的前提下不断探索更加优化的低成本的健康保障解决方案。有效运用现代信息技术，建立健康保障数据库，完善健康数据共享机制，通过大数据管理等手段，积极探索疾病预防、诊断和治疗的规律和方案，提供质量高、成本低的医疗服务。

3. 建立医疗保障诚信体系，推进医疗保障法治建设。将有关当事人在医疗保障相关活动中的不良行为记入个人诚信档案，对骗保等违法行为依法严惩，加大对违法违规行为的查处力度。

4. 推进基本医疗保险异地住院费用直接结算。2017 年，医疗保障制度的一项重大改革是跨省异地就业直接结算工作取得突破性进展。随着异地养老人数的增加，异地住院医疗需求也随之增加。2017 年，全国所有省级异地就医结算全面开展，异地长期居住人员、常住异地工作人员和符合转诊规定人员实现了异地住院医疗费用直接结算。

三、健康中国建设中的医疗服务体系

健康中国战略的落地需要医疗服务体系发挥保障作用。随着新医改向纵深推进，老百姓的就医需求得到一定的满足，但是"看病难"的问题还没有得到完全地解决。从根本上解决"看病难"问题需要对医疗服务体系进行系统性的梳理和完善。

（一）推进分级诊疗，建立家庭医生制度

看病难的问题主要源于无序就医导致的医疗资源错配，而不是医疗资源紧缺。2015 年，我国每千人口职业（助理）医师为 2.21 人，基本与世界发达国家平均水平相当。新医改的重点目标就是要引导医疗服务资源下沉，强化基层服务水平，引导就医行为，实现小病在基层解决的分级诊疗。发达国家 85% 的疾病通过社区医疗机构来解决，而我国目前只有 15% 在社区诊疗。[①] 要实现分级诊疗，必须强化基层服务质量。如果基层医疗卫生机构的服务质量不能满足服务需要，必然导致患者就医时到大医院，最终造成大医院人满为患，小医院门可罗雀的医疗资源错配现象。基层医疗卫生机构服务质量提升的突破口就是实施符合中国国情的家庭医生签约服务。2017 年，家庭医生签约服务在全国开展，签约服务覆盖率要达到 30% 以上，重点人群签约服务覆盖率达到 60% 以上，到 2020 年力争将签约服务扩大到全体人群。作为分级诊疗的关键点，家庭医生签约服务是落实医改政策的重大举措，是基层医疗服务模式的转变。

早 2010 年前后，家庭医生制度就在全国部分省市和地区开展了试点。

---

① 周苑、江启成：《我国分级诊疗背景下家庭医生服务研究的现状及问题探讨》，《中国农村事业管理》2017 年 6 月第 37 卷第 6 期。

从试点情况看，家庭医生签约服务可以对慢性病患者进行有效的健康管理，在提高患者健康知识知晓率、改善患者生活方式和慢性病控制方面具有明显效果。[①]家庭医生签约服务在维护社区居民健康方面起到了促进作用。目前，制约发展家庭医生签约服务的主要障碍是家庭医生数量不足。目前，我国每万人口全科医生数量仅为 1.38 人，而根据测算，要满足基层卫生保健的需要，每 2000 人口要配备 1 名家庭医生，缺口比较大。另一方面，每年有接近 1/3 的大专以上医学专业毕业生不能进入医生行业。一方面是缺少符合资质的家庭医生，另一方面医学院培养的大量毕业生却无法进入医疗服务体系，造成资源的极大浪费。下一步的改革中要通过提升家庭医生岗位吸引力，引导更多优秀人才（包括二、三级医疗机构医务人员和医学毕业生）投身社区卫生服务，改善家庭医生群体的医疗服务质量。还要进一步发展全科医学，做好全科医生的规范化培训，严格对全科医生的医疗技术水平的考核与认证。实施向全科医生倾斜的收入分配政策和良好的职业发展前景，培养家庭医生的职业使命感，让他们成为营造健康环境、提供健康服务的主力军。要加大家庭医生签约服务的宣传力度，提高居民对家庭医生的信任感。从各地试点情况看，居民对家庭医生的认可度还不高。提高认可度既需要政府层面的宣传，也需要家庭医生通过服务质量和服务效果赢得群众口碑。

（二）构建医疗联合体和医疗共同体

推行分级诊疗制度的另一项重点工作是发展医疗联合体（医联体）

[①] 荆媛、景琳、丁富军：《家庭医生团队签约服务对慢性病健康管理的效果评价》，《中国初级卫生保健》2013 年第 27 卷第 11 期。

和医疗共同体（医共体）。针对目前基层服务能力弱，不能完全满足医疗服务向基层下沉的要求的问题，各地正在积极开展医联体和医共体的试点。医联体是指在公立医院改革中，一定地域内不同类型、不同层级的公立医疗机构联合起来，成立医疗协作联盟或者组织医疗集团。医联体以大医院联合基层医院，某一家三甲医院为龙头，若干二级医院和一级医院参与，组建"3+2+1"的医疗联盟体系。在这个体系中既有大医院也有基层医疗组织，有利于双向转诊和全科医生培养。医联体的组织形式可以分为松散型和紧密型两种类型，松散型医联体以技术协作为联盟手段，各个医疗机构的行为相对独立。紧密型医联体以股权或者管理权为合作手段，各个机构的行为独立性相对较弱。目前，大多数的医联体采取的是松散型的组织方式。

2017 年，全国基层卫生工作会议上，国家卫计委要求各地积极开展医共体试点。医共体是基层医院之间"2+1"的资源整合，原则上没有三甲医院参与，多家基层医院和基层卫生机构抱团成为一个医疗联盟，成为服务基层的健康服务的利益共同体和责任共同体。以医共体的集体名义与辖区内居民签约，提供全方位、全生命流程的健康卫生医疗服务。医共体在试点的过程中出现了县域医共体和城区医共体两种主要形式。

医联体和医共体职能定位和服务范围各有差异，是实现医疗资源下沉，加强基层服务能力，落实分级诊疗的两大制度安排。医联体以三甲医院为龙头，实现管理一体化、基本医疗一体化，规范慢性病诊疗手段和技术操作，确保居民在基层能享受到高质量的诊疗服务。以北京市西城区月坛社区卫生服务中心为例，该中心与首都医科大学附属复兴医院建立了医联体。在联合体内实现了疾病管理一体化，在临床建议、医学影像、大型检查等方面实现统筹管理，建立了医院－社区联合查房制度，定期培训和轮训全科医生队伍。中心实施的家庭医生签约服务包中将复兴医院的优质医疗资源和优先服务纳入签约服务内容，吸引更多居民签约。[①]深圳罗湖区自 2015 年启动城区医共体试点，取消区属全部医疗机构（包括 5 家区级医院和 35 家社区康复中心）的法人身份，组建新的法人实体——深圳罗湖医院集团，办出"老百姓家门口的医院"。罗湖医共体的试点，通过整合辖区医疗资源，以医保支付方式改革为抓手形成利益共同体。医院集团实行住院病区收入总额预算管理，以当年签约居民在上年度实际发生住院费用总额为费用总量包干基数，超额不补，结余留用。统筹财政补贴，财政补贴全部由医院集团统筹安排，向社区康复中心倾斜。在医疗集团中鼓励全方位引进和培养全科医生，促进全科医学发展，努力提高基层服务质量，推进分级诊疗落地。罗湖试点的目标就是让居民少生病、少住院、少负担、看好病，核心是建立以全民健康为核心的医疗卫生服务体系。医疗保险的导向从保治病转变为保健康，老百姓越健康，医院越受益。在保险上省钱越多，医院的结余越多，医生的收入也越多。这样就能够引导全科医生真正投身于健康服务。

四、健康中国建设中的药品供应保障体系

药品供应保障体系改革目标是在保证药品供应的同时解决药品价格虚高的问题。随着我国医疗制度的不断完善，药品供应体系的改革也正在向纵深推进。国务院办公厅关于《进一步改革完善药品生产流通使用政策的若干意见》中明确指出要不断推行药品购销"两票制"，综合医

[①] 郭潇雅等：《立柱架梁医改发力制度建设》，《中国医院院长》2017 年第 4 期。

改试点省份和公立医院改革试点城市的公立医疗机构要率先执行"两票制"，2018 年在全国范围内广泛实施。

"两票制"是规范公立医疗机构药品采购的制度安排，具体要求在药品流通过程中，从生产企业到医院开两次发票，其中从生产企业到经销商开一次发票，从经销商到公立医疗机构再开一次发票，公立医疗机构在药品验收入库时必须进行检验，确保票据、货物和账目三者之间保持一致才能入库。过去，由于药品生产企业小而分散，市场竞争激烈，为了争夺市场份额，经销商通过多次开发票将药品价格层层加码抬高，再用药品回扣等手段诱导医院和医生使用高价药品的情况相当普遍。一些药品的出厂价和零售价甚至相差几十倍，另一些零售价格较低的药品企业不愿意生产、医院不愿意采购，造成患者买不到药的困难局面。"两票制"就是希望通过规范药品流通秩序，防止经销商在药品流通过程中随意加价的行为。对药品流通过程中各个环节的价格信息进行准确记录，净化流通环节，杜绝药品回扣等扰乱药品市场的非法行为，让药品市场更加透明、规范，让药品企业能够在规范的市场环境中健康成长。

药品购销"两票制"最初在福建省三明市试点，从实施效果看，有效减少了药品销售的流通环节，销售过程中任意加价行为得到有效控制，一批大型药品批发企业迅速发展，药企小而散的情况有所改善，公立医院的药品采购价格更加合理。随后，"两票制"在安徽、浙江、陕西、青海等地开展了试点。但是，"两票制"还无法从根本上解决控制药品价格的问题，需要其他相关制度的配套。药品价格虚高源于两个问题：一是药品供应保障体系中的企业小而散，创新能力不强，产品同质现象突出，市场竞争手段大多只能拼价格、拼回扣、拼关系。"两票制"不能解决药品生产企业和流通企业的创新能力问题，还需要国家从政策层面鼓励和引导药品企业进行结构调整和资本重组，提高产业集中度，提高产业进入门槛，让真正有竞争力的企业能够通过技术创新、产品开发、质量管理在竞争中脱颖而出。二是公立医院没有控制药品价格的动力机制。公立医院和医生是决定患者最终用药的利益相关者。药品价格虚高现象能够长期存在是由于存在开高价药的动力机制。这种扭曲的医疗服务激励机制不能得到扭转，即使推行了"两票制"，也会出现"上有政策、下有对策"的现象，比如药品生产企业可以通过提高药品的出厂价格，将各种回扣等营销费用算到出厂价中。再比如，药品企业可能不再生产零售价低廉的药品。因此，"两票制"的推行必须考虑公立医院和医生的动力机制，让他们有愿望降低药价，医疗服务补偿机制的改革措施必须配套推进。

（李蕾：中央党校经济学部副教授）

7

深化农业供给侧结构性改革

  习近平总书记在党的十九大报告中指出："农业农村农民问题是关系国计民生的根本性问题，必须始终把解决好'三农'问题作为全党工作重中之重。"在 2015 年底国务院召开的农村工作会议上，农业供给侧结构改革的理念第一次在农村工作大纲当中被提出，会议明确指出"要通过农业供给侧结构改革，提升供给体系的效率以及质量，更好地将农产品的结构、数量以及质量与市场、消费者紧密结合，最终形成结构上合理、消费者满意的农业产品供给机制"。2016 年的中央一号文件再次提出，"推进农业供给侧结构性改革，加快转变农业发展方式，保持农业稳定发展和农民持续增收"。2017 年 2 月 5 日，中共中央、国务院发布《关于深入推进农业供给侧结构性改革加快培育农业农村发展新动能的若干意见》指出："经过多年不懈努力，我国农业农村发展不断迈上新台阶，已进入新的历史阶段。农业的主要矛盾由总量不足转变为结构性矛盾，突出表现为阶段性供过于求和供给不足并存，矛盾的主要方面在供给侧。"2017 年 12 月 28 日召开的中央农村工作会议明确指出：走中国特色社会主义乡村振兴道路，必须深化农业供给侧结构性改革，走质量兴农之路。可见，中央已明确提出要把深入推进农业供给侧结构性改革作为当前和今后一个时期农业农村工作的主线，农业供给侧结构性改革是加快转变农业发展方式的重要途径，也是加快转变农业发展方式在农业供给侧的聚焦和升华。因此，探讨如何有效推进农业供给侧结构性改革，对于深化加快转变农业发展方式的研究具有重要意义。

一、改革开放以来的三次农业供给侧结构调整

从国家层面看，改革开放以来我国有过三次重大的农业供给侧结构性调整与改革。这些调整和改革，有的成效明显，有的却并不明显，但作为国家农业经济政策的重大调整，都为当前我国农业供给侧结构性改革的推进积累了宝贵的经验。

（一）70 年代末期农产品供给短缺下的农业经营制度和价格改革

在改革开放之前的 30 年间，我国的农业生产经营分配体制是按统购统销的计划经济体制和集体统一经营与分配的模式运行，但这一制度安排始终没能解决好我国农产品的充分供给问题。供给短缺，配额消费，是当时农业和整体国民经济的常态。1978 年 12 月，党中央召开了十一届三中全会，作出了实行改革开放的重大决策。在农业发展方面，针对农产品供给长期不足的状况，提出要"按劳分配""克服平均主义"和"提高农产品收购价格"，同时明确"社员自留地、家庭副业和集市贸易是社会主义经济的必要补充部分"。1979 年 9 月的十一届四中全会，进一步通过了《关于加快农业发展若干问题的决定》，允许农民在国家统一计划指导下，因时因地制宜，保障他们的经营自主权，发挥他们的生产积极性。1980 年 9 月，中央下发《关于进一步加强和完善农业生产责任制的几个问题》，肯定了包产到户的社会主义性质。到 1983 年初，

农村家庭联产承包责任制在全国范围内得到了全面推广。农村家庭承包责任制的推行和农产品价格的放开，从农业供给侧的角度看，这次调整并不是单纯的农业产业结构调整，而是农业经营制度和价格制度的改革，因而可以说是农业供给侧的制度改革。其本质是改变供给主体非激励的计划供给体制，转变农业的集体经营为农户家庭经营，并对农民引入价格激励和分配激励。改革大大调动了农民生产农产品的积极性，主要农产品粮食供给不足的问题很快得到缓解。粮食产量由 1978 年的 3.04 亿吨增加到 1984 年的 4.07 亿吨，创了当时我国粮食产量的历史新高，年均增长 4.9%，一举扭转了我国粮食长期严重短缺的局面，甚至出现了粮食的相对过剩和卖粮难。

（二）80 年代中期农产品供给结构单一下的农业产业结构调整

农业经营制度和价格改革所带来的粮食供给能力和供给量的提高，但不久之后我国农业供给侧出现了新问题，表现为农产品供给结构过于单一，以粮为纲，粮食供给过量，其他农产品却依然供给不足。为此，1985 年的中央一号文件及时作出了"在稳定粮食生产的同时，积极发展多种经营"的农业产业结构调整的决策。主要手段是减少国家对粮食的计划订购，逐步放开其他农副产品价格。这一调整，大大改变了我国农产品的供给格局，改变了种植业中过于偏重的粮食结构，畜禽养殖、水产等产业都有了较大的发展，"菜篮子"得到了极大的丰富。①据统计，从 1984 年至 1995 年这 11 年间，尽管我国粮食产量增速有所下降，年均仅递增 1.2%，但其他农产品在这一时期却得到了迅速发展。1995 年，猪

---

① 孔祥智：《农业供给侧结构性改革的基本内涵与政策建议》，《改革》2016 年第 2 期。

牛羊肉、水产品、禽蛋、牛奶和水果产量分别比 1984 年增长了 1.8 倍、3.1 倍、2.9 倍、1.6 倍和 3.3 倍，基本满足了城乡居民基本小康生活的食物消费需求。

（三）上世纪 90 代中期农产品供给过剩下的农业战略性结构调整

进入 20 世纪 90 代后，尤其是邓小平 1992 年"南方讲话"后，我国改革开放和市场经济进一步加快，整体经济明显升温，农业也不例外。但与此同时，大多数农产品的供给呈现了过剩现象，农民又面临农产品的卖难问题。尽管 90 年代与 80 年代的农产品过剩都是结构性相对过剩，但是两者却存在本质区别。80 年代的农产品过剩是农业结构过于单一下的粮食相对过剩，而 90 年代的农产品过剩却是在 80 年代中期农业产业结构调整后出现的相对过剩，其过剩的波及面比较广，原因复杂，与农业的纵向结构、组织结构、空间结构以及农产品的品质结构相关联，很难通过单纯的产品数量结构调整而解决。为此，中央在 90 年代中后期提出要大力推进"农业的战略性结构调整"，这一思想在 2000 年党的十五届五中全会上得到进一步明确。从当时中央有关文件精神解读，农业的战略性结构调整有不少新意，涉及了四种类型的农业结构调整与优化：一是调整与优化农业区域空间结构，进一步发挥区域农业比较优势；二是调整与优化农业品质结构，进一步满足市场多元化消费需求；三是调整与优化农业组织结构，进一步提高农业组织化程度；四是调整和优化农业纵向结构，进一步推进农业产业化经营和纵向一体化水平。然而，与改革开放以来前两次农业供给侧的重大调整和改革相比，20 世纪 90 年代中后期围绕农业供给侧的问题所提出的农业战略性结构调整，效果并不明显，没有达到当时的预期，以至于"农业战略性结构调整"这一农业供给侧的重大结构调整和改革,几年后就逐渐淡出政府和学者的视野。[1]

二、当前深入推进农业供给侧结构改革的重要性

供给侧改革的目的以及所强调的重点是通过产业结构的重组、优化,使得供给端的产能更加合理,减少过剩的产能,平衡市场供给,使得产业结构能够在供、需两端得到平衡。在推进农业供给侧改革时,需要从供给侧结构性矛盾上发力,以市场需求为导向改善农业产业结构,提高资源配置的质量和供给的有效性,以使得农业产业结构对市场的适应性更强,产业调整更灵活,从而形成能够应对市场冲击、更加高效、可持续的农业供给体系。

(一)农业供给侧结构性改革是农业发展阶段性的客观要求

农业发展一般有三个阶段:第一阶段以通过提高粮食产量获得经营效益为特征;第二阶段以提高农产品质量和价格获得经营效益为特征;第三阶段以建设农产品品牌、获取农产品定价权获得效益为特征。目前我国农业发展已到了第二、三阶段,但农业政策在很大程度上仍停留在第一阶段。[2]长期以来,我国农业尤其是粮食生产的主要目标是稳产增产,以保障农产品的社会供应量。新世纪以来尤其是"十二五"时期,在不断强化的支农惠农政策激励下,我国农业发展取得显著成效,粮食产量"十二连增",为经济发展奠定了良好基础。与此同时,农产品总量日

① 黄祖辉:《推进农业供给侧结构性改革》,《浙江经济》2017 年第 2 期。
② 李昌平:《再向总理说实话》,中国财富出版社 2012 年版。

益充足，粮食库存连创新高。有关数据显示，2015-2016 年度，我国玉米、小麦、稻谷库存合计高达 2.54 亿吨，创历史最高纪录；我国棉花库存已经占全球库存总量约 50%；一些农产品出现产能过剩。① 这表明，农产品数量供给目前已不是我国经济发展的主要矛盾。随着经济发展和居民收入提高，农产品消费需求结构发生了明显变化。在解决吃饱问题的条件下，人们更多地追求的是要吃好、讲安全、讲品质、讲养生。但目前农业跟不上市场消费结构变化，中高端农产品供给不足，农业多功能开发不够，许多新兴需求得不到满足。农产品供给，一方面在质量上难以满足人们需求，另一方面出现大量农产品过剩滞销。农业供给的结构性矛盾，已成为当前农业发展面临的突出问题。所以，必须推进农业供给侧结构性改革，使农产品供给的数量、质量和品种更契合消费需求，提高农业供给的质量和效益。②

（二）农业供给侧结构性改革是满足消费者需求的重要举措

随着我国经济的发展、社会的进步，人民生活水平的不断提升，消费者对农产品的需求结构已经发生了根本性变化，消费者需求个性化、农产品需求多样化态势不可逆转，"舌尖上的安全"日益成为民众关注的焦点，城乡居民农产品消费需求正从"吃饱"向"吃好、吃得安全、吃得营养健康"快速转变，多元化、个性化的需求显著增多。③ 但是，我国粮食等大宗农产品的生产，更加强调产量目标，对质量安全目标重视程度不够，导致大宗农产品滞销与高档农产品供不应求并存的局面。加

---

① 伍振军：《农业供给侧改革，资源配置是关键》，《农民日报》2015 年 12 月 9 日。
② 吴海峰：《推进农业供给侧结构性改革的思考》，《中州学刊》2016 年第 5 期。
③ 韩长赋：《着力推进农业供给侧结构性改革》，《求是》2016 年第 9 期。

快农业供给侧结构性改革，以契合消费者市场需求为导向，减少农药、化肥、农膜等投入品的不合理使用，大力提高农产品质量，引领消费者需求个性化的潮流，同时，不断增加市场紧缺农产品的生产，无疑会满足消费者对农产品的多样化需求。

（三）农业供给侧结构性改革是缓解资源环境压力的重要抓手

我国人口资源众多，人均占有的资源量较少，这在农业生产中也是十分突出的问题。多年的农业生产中，随着化肥农药超量使用、水污染等不断加剧，我国农业生产还面临着土地退化、水源污染、农药残留等严重问题，这给我国农业的可持续发展以及食品安全带来了前所未有的挑战。[①] 当前，我国农业资源与环境这两根弦越绷越紧。一方面，耕地资源不断减少，质量日益下降；水资源日益短缺，分布极不均衡。另一方面，由于传统粗放式的农业生产方式尚未彻底转变，农业投入品投放过多，资源利用率较低，农业面源污染问题日益严重，环境承载力接近甚至突破极限。加快农业供给侧结构性改革，可以通过调结构不断提高资源利用率、土地产出率，充分利用国际、国内两种资源、两个市场，减轻国内耕地、水等自然资源的压力；通过土地休耕制度，把土地复种指数降低到合理区间，使多年超负荷利用的土地得以休养生息；通过化肥、农药使用量的零增长行动方案，在提高农产品质量，降低农业生产成本的同时，大大缓解了环境压力。加快农业供给侧结构改革，可以从发展思路的根本上转变农业生产的理念，通过模式创新、思路创新，进一步完善我国绿色可持续发展农业产业的振兴思路，实现农业产业发展与资

---

① 周倩：《农业供给侧结构改革：意义、困境及实现路径》，《农业经济》2017年第3期。

源环境的协调。

（四）农业供给侧结构性改革是合理配置农业资源的迫切需要

近年来，国内主要农产品价格明显高于国际市场，大宗农产品粮棉油糖肉等价格全面倒挂。目前，国内小麦、玉米、大米平均批发价格，比进口到岸完税后成本价均高出30%以上；国内猪肉、食糖价格是进口价格的2倍左右。这使得我国的农业竞争基本处于劣势，农产品进口压力越来越大，粮食产量、进口数量、库存量"三量齐增"，并达到历史峰值，出现了本国增产的农产品存进仓库，而进口的农产品被大量消费的怪现象。必须通过供给侧结构性改革，提高我国农业的国际竞争力。我国大宗农产品的比较效益一直极低，粮棉油等土地密集型产业与蔬菜、水果、水产品等劳动密集型产业之间的资源配置不合理。我国人多地少，在保证粮食安全的前提下，必须通过供给侧结构性改革，发挥比较优势，解决农业内部产业资源配置扭曲问题，大力发展劳动密集型农产品，推动农业提质增效。改革开放以来，虽然我国二、三产业就业得到较大提高，但目前一产就业比重仍然偏高，农产品加工业产值与农业产值之比仍然偏低，农业的多功能没有得到有效拓展，资源要素在农业与二、三产业之间流动不顺畅，尤其是近年来农村劳动力向二、三产业转移有所减缓。因此，需要通过供给侧结构性改革，促进劳动力及生产要素在一、二、三产业间顺畅流动和高效配置，大力培育六次产业和现代农业产业体系，形成农业与二、三产业互动融合发展的新格局。

（五）农业供给侧结构性改革是增加农民收入的有力支撑

"十二五"时期，党中央、国务院始终把促进农民增收作为农村工作的中心任务，农民钱袋子不断鼓起来。但是，当前我国农民增收已到了爬坡过坎的阶段，农民收入持续增加的难度不断加大。加快农业供给侧结构性改革，通过发展适度规模经营、开展社会化服务等不断降低生产成本，通过提品质，提高农产品的价格，通过促融合，让农民不仅仅获得生产环节的利润，而且让农民能够通过介入农产品加工、农产品销售产业链条，提升农业自身发展的价值链，让农民从中能够获得更多的收益，促进农民经营性收入的增加；通过农产品价格体制改革，实现农产品"市场定价、价补分离"，促进农民转移性收入的增加。

三、农业供给侧结构性改革需要破解的难题

近年来我国粮食产量屡创新高，农民收入突破万元大关，增幅连续七年超过 GDP 和城镇居民收入增幅，农村经济发展的好形势为我国农业供给侧结构性改革奠定了坚实的基础。然而，推进我国农业供给侧结构性改革，仍面临着一系列亟待破解的难题。

（一）"三量齐增"与"三本齐升"并存

一方面，粮食生产面临着产量、进口、库存的"三量齐增"。我国粮食产量从 2003 年开始连续 12 年增长，从 2003 年的 8614 亿斤增加到 2015 年的 12429 亿斤，增加 3800 多亿斤。根据有关部门的测算结果，实际上我国一年的粮食总需求为 12900 亿斤，也就表明我国粮食是不够的，缺口约 500 亿斤。但 2015 年各类粮食进口总量接近 2500 亿斤，表明我们多进口了，这就导致了我们一年就有 2000 亿斤的库存。我国粮食从产量、进口到库存，呈现出"三量齐增"的现象。值得注意的是，我

国的仓库储存着大量即将过期的或者是不断贬值的、质量较差的农产品，因此"去库存"面临着明显的市场约束。另一方面，农业经营面临着物质、人工、土地的"三本齐升"。据统计，小麦、大米、玉米和大豆等主要农产品最近几年国内的价格比国际价格高出 30%~60%，个别品种达到 60%[①]。如此高的价格必然会抑制需求，而国外的农产品的价格低廉，也必然会激励进口。价格倒挂导致了国内市场与进口市场相互割裂的"二元市场结构"，进而成为市场扭曲的根源。导致价格倒挂的重要原因是补贴。2008~2014 年，稻谷最低收购价连续 7 年提高，累计提价幅度为：早籼稻93%、中晚籼稻92%、粳稻107%；小麦最低收购价连续 6 年提高，累计提价幅度达到白小麦 64%、红小麦和混合麦 71%。然而，如此的提价幅度依然赶不上其成本的增速。1990~2014 年，我国三种粮食（稻谷、小麦和玉米）按现值计算的亩均产值年均增长 13.6%，但亩均成本增长达 15.5%。其中，物质与服务费用年均增长 12.2%，人工成本年均增长 16.9%，土地成本年均增长则高达 24.6%。[②] 从产量、进口、库存的"三量齐增"，到现在物质成本、人工成本、土地成本的"三本齐升"，表明中国农业供给侧面临的问题，并不是这两年才出现的，而是长期积累的结果。[③]

（二）耕地摞荒与过度耕种并存

由于城乡收入差异的客观存在，农民跳出"农门"思想的长期影响，

---

① 陈锡文：《农业供给侧结构性改革的几个重大问题》，《农业工场技术》2016年第15期。
② 叶兴庆：《演进轨迹、困境摆脱与转变我国农业发展方式的政策选择》，《改革》2016年第6期。
③ 罗必良：《农业供给侧改革的关键、难点与方向》，《农村经济》2017年第1期。

农村青壮年劳动力向城市大量、有效转移，许多农村地区由留守妇女、儿童和老人构成的"386199部队"现象非常严重，耕地广种薄收、直接撂荒的比比皆是。国家统计局四川广安调查队2015年的调查结果显示，2012-2014年，该地撂荒耕地分别占耕地总面积的7.4%、8.6%、9.5%。与此同时，从"包产到户"至今，政府主要强调了农户的土地承包和经营权，但对其养护责任与义务却没有明确界定，部分地区因此而出现了过度耕作的情况。如产粮大县吉林榆树，因过度耕作，其黑土厚度由20世纪50年代的平均60—70厘米，下降到目前的20—30厘米。[1] 近年来，一些近郊地区的塑料大棚、日光温室等设施农业，同样存在过度耕作的情况。耕地撂荒和过度耕作反映了土地资源浪费与掠夺使用同时存在，其破解同样需要从供给侧入手。

（三）农户经营规模过小

改革开放后，我国农业生产实行了联产承包责任制，极大地调动了农户生产的积极性，其制度绩效充分释放。但随着农业科技的进步、现代农业的发展，小规模经营的弊端日益凸显。目前，我国有2.2亿农户，每个农户经营的土地面积不足0.6公顷，[2] 这种农户小规模经营已成为我国农业供给侧结构性改革的羁绊。由于农户经营土地面积小，不能获得规模效益。根据2014年中国农产品成本收益数据计算可知，我国三种粮食的平均净利润为8084.4元/公顷（包括人工成本），如按现在户均耕地面积0.6公顷计算，农户种粮收益仅为4850.64元，如果农户经营土地

---

① 封寿炎：《黑土不肥？耕地再不能用而不养》，《解放日报》2015年12月3日。
② 韩俊：《我国2.2亿农户户均土地经营规模不到0.6公顷》，《经济日报》2014年8月7日。

的规模达到6—20公顷，农户种植粮食收益将会大为提升。[①] 由于农户经营规模小，农户抵御市场风险的能力也较低，无法实现小农户与大市场的有效对接，制约着农业转型发展加速推进。此外，由于农户经营规模小，数以亿计的农户都在从事农业生产，造成对农业生产过程进行监管的难度增大，农产品品质参差不齐，限制着农业竞争力的提升。因此，促进农业适度规模经营已成为推进农业供给侧结构性改革的首要问题。

（四）农业基础设施薄弱

近年来，我国农业基础设施不断加强，有力地促进了农村经济的发展。但是，总体看来，我国农业基础设施仍然薄弱，已成为农业供给侧结构性改革的掣肘。首先，农田水利基础设施建设落后。近年来，虽然中央加大了对农业基础设施投资力度，但由于部分资金投入结构不合理，导致大部分地区针对农灌水库及配套工程、沟渠堤坝等农田小水利的建设资金投入明显不足，渠系老化、饮水不足、排水不畅、农田用水困难问题日益突出。[②] 其次，农村交通设施建设滞后。近年来，我国农村交通设施建设不断取得新进展，但是从全域农村看，我国农村交通设施建设仍然滞后，尤其是在中西部地区的农村更为凸显，农村道路的数量与质量和建设现代农业的要求相比仍有较大的差距，制约着农产品与农业生产资料物流业的发展。再次，农业信息化建设缓慢。当前，信息化建设正开启我国小农经济千年未有之变局。但是，农村信息孤岛在一定程度上依然存在，特别是在西部农村，农业信息化应用水平仍然很低，农业

---

① 张成玉：《土地经营适度规模的确定研究——以河南省为例》，《农业经济问题》2015年第11期。
② 廖西元、李凤博、徐春春：《粮食安全的国家战略》，《农业经济问题》2011年第4期。

物联网、互联网等先进技术的应用推广还处于起步阶段，对农业生产经营服务作用远未发挥。[①] 着力加快农业基础设施建设已成为加快农业供给侧结构性改革的关键环节。

（五）农业产业链条过短

推进农业供给侧结构性改革，强而大、优而全的农业产业是基石也是结果。做强做大农业产业，延长农业产业链条，增加农产品附加值，提升农业的综合效应，既是加快农业供给侧结构性改革的内在要求，也是实现"三农"强富美的重要手段与发展目标。因此，加快农业供给侧结构性改革，要以新理念审视农业、经营农业、发展农业、提升农业，不仅让农民成为现代农业的生产者，而且成为经营者、组织者，更多的分享整个产业链条各环节的利益，充分发挥农民加快农业供给侧结构性改革的积极性。近年来，我国农业产业化发展不断取得了新的突破，亮点纷呈，为做强农业、富裕农民、繁荣农村提供了有力的支撑。但是，与加快农业供给侧结构性改革的目标与要求相比，我国农业产业链条短、农产品附加值低的问题仍然十分突出，农业还没有从一家一户的小生产中解放出来，农民还没有在国内外市场上有机组织起来，一、二、三产业仍然没有实现高度融合，农民与资本的利益长效联合机制仍待建立，农民分享二、三产业的利益机制仍有待健全。延长农业产业链条已成为加快农业供给侧结构性改革的当务之急。[②]

---

① 余欣荣：《我国现代农业发展形势和任务》，《行政管理改革》2013 年第 12 期。
② 杨建利、邢娇阳：《我国农业供给侧结构性改革研究》，《农业现代化研究》2016 年第 7 期。

四、深化农业供给侧结构性改革的对策

要实现农业现代化和农业产业的可持续发展，必须稳定地推进农业供给侧结构改革，提高我国农业市场的核心竞争力，引导农业产业发展向着环保、可持续的方向发展。通过农业供给侧结构改革，提升农产品供给水平，是未来很长时间内我国农业发展的重点。

（一）加强农业科技研发推广，创新农产品价格机制

解决库存和成本的问题关键是要发展现代农业，而现代农业发展的根本出路在科技进步、推广与应用，农产品有效供给不足本质上反映的是农产品品种、规格、质量等方面的供需失衡。因此，各级政府要努力创造良好农业科研环境，使科研机构能更好地为农业发展服务；而农业科研机构在进行基础科研的同时，也要以市场需求为导向，研发高品质、污染少的市场紧缺型农产品，满足不同消费层次的需求。其次，相关政府部门要根据本地的区位、气候、土壤等特征以及农业发展基础，开发和推广节能、节水等实用技术，如农药、化肥减量和农膜、秸秆无害化处理技术，促进农业投入减量，产出增效。在市场经济语境下，价格是最重要的供求调节杠杆，也就是说，价格客观反映着供求的平衡状况。创新农产品价格机制，主要是尽快建立农产品目标价格制度，即由国家设立农产品目标价格，当市场价格低于目标价格时，为保证农民基本收益对其进行补贴；当市场价格升高导致物价总水平上涨过快时，为保障基本民生补贴低收入群体。[①]这种农产品目标价格制度使市场机制对资源

---

① 徐丽红：《让农产品目标价格制度回归市场》，《中国财经报》2014年7月5日。

配置的决定性作用得以尊重，使生产者能有较为合理的收益预期，进而为农业结构性改革提供持续动力。

（二）加强农村基本公共服务建设，健全耕地休养生息政策

解决土地撂荒与过度耕种问题，关键是要通过提升农村基本公共服务留住农民，通过建立健全休耕制度保护地力。首先，农村基本公共服务是建立在一定社会共识和经济发展水平基础之上，由政府提供以保障个人生存权和发展权的最基本的公共物品和服务。[①]城乡基本公共服务均等化是政府为实现城市和乡村居民享有大致均等的基本公共物品和服务所做的制度安排，是实现社会公平、保障社会安定的重要机制。为了提高农村对劳动力的吸引力，须在城乡基本公共服务均等化方面加大投入力度。当前我国城乡基本公共服务均等化的紧迫任务主要有：加强农村基础设施、农田水利建设；发展农村教育、卫生、文化等事业；完善社会保障、就业等制度。通过实现城乡公共服务均等化，提高农村基本公共服务水平，可以提高农民务农、留村的积极性，是提高农业发展服务水平、夯实农业结构性改革的基础。其次，耕地休养生息是指为保持良好产出效率与和谐生态环境而实行的耕地保养行为。物质财富的增加理应是经济、资源和生态循环的综合结果，人类如果超越资源极限博取物质财富增加，将有可能陷入增长的极限。长期以来，我国耕地大都处于高强度服役状态，肥力下降明显，生态失衡严重。因而，为保持农产品可持续供给能力，要尽快健全耕地休养生息政策。要从国家层面健全耕地整治及维护保养机制，安排专项资金让部分耕地按计划适当休养生息。

---

① 魏礼群、汪玉凯：《中国现代行政管理体系研究》，国家行政学院出版社 2012 年版。

地方政府要根据国家相关政策精神，有计划、分步骤地整治与修复生态脆弱、污染严重、肥力下降明显的耕地。[①]

（三）发展适度规模经营，优化农业经营主体结构

发展农业适度规模经营，是加快农业供给侧结构性改革的重要前提。党的十九大报告指出，要发展多种形式适度规模经营，培育新型农业经营主体，健全农业社会化服务体系，实现小农户和现代农业发展有机衔接。激发农民"改结构"的动力，要以适度规模为基础；延伸农业产业链，要以适度规模为前提；实现农业节能、减排、可持续发展，要以适度规模为保障；生产绿色、生态农产品，要以适度规模为依托；增加农民收入，要以适度规模为抓手。我国是有着2亿农户的农业大国，专业大户和家庭农场在农户总量中只占较小的一部分，全部流转或部分流转土地的主要是那些外出务工、家中缺少劳动力的农户。国家统计局数据显示，我国尚有22790万劳动力全国或部分从事农业生产，占乡村就业人员数的60.1%。全国还有2/3的土地仍然由超小规模的农户经营。这部分农民的收入问题是制约着国民收入倍增计划实现的关键。我国的农业现代化如果没有这部分农民的参与，不仅是不全面的，也是无法实现的。[②]实现土地适度规模化经营，须优化农业经营主体结构，要鼓励通过土地流转、土地入股、土地托管、联耕联种、代耕代种、合作社统一经营等形式，实现农地规模化经营；积极促进农业生产性服务业发展，在农业的产前、产中、产后各环节提供统一服务，促进农业服务规模化经营；大力发展

---

① 江维国：《我国农业供给侧结构性改革研究》，《现代经济探讨》2016年第4期。
② 孔祥智：《农业供给侧结构性改革的基本内涵与政策建议》，《改革》2016年第2期。

订单农业、会员农业，通过新型农业经营主体的统一技术标准，达到组织化规模化经营。通过推进规模经营、培育多元主体，促进融合发展，构建集约化、市场化、专业化、社会化相结合，农户家庭经营为基础、合作与联合为纽带、社会化服务为支撑的立体式复合型的现代农业经营体系。

（四）加强农业基础设施建设，促进农业经营新业态发展

加强农业基础设施建设，不断提高农业综合生产能力，是农业现代化不可或缺的物质条件，将为推进农业供给侧结构性改革奠定坚实的物质基础。首先，加快推进农田水利基础设施建设。各级政府要把农田水利建设作为农业基础设施建设的重点，不断增加对农田水利基础设施建设的投入；健全农田水利基础设施的管理体制，充分发挥农户在农田水利基础设施管理中的作用，努力实现农田水利基础设施用、管、护紧密结合，不断提高其使用寿命与利用效率。其次，加强农村物流基础设施建设。通过城乡公共资源配置均衡化、公共服务一体化建设，促进城乡物流基础设施互通互联、共建共享。一方面，要大力推进农村仓储基础设施建设，特别要加强冷链物流基础设施建设，夯实农村物流业发展的基础；另一方面，要加快农村公路网建设，注重农村公路的质量建设与管理维护，并考虑农村未来发展需要与趋势，使农村公路建设具有一定的前瞻性。最后，着力推进农村信息化建设。启动"互联网＋农业""互联网＋农民""互联网＋农村"工程，加快农村物联网、大数据、移动互联等基础设施建设，促进农业全产业链改造升级，让农村经济发展插上"互联网＋"的翅膀，实现农业在宽带上增效、农民在键盘上致富、农村在互联网上繁荣。

（五）加快农村一二三产业深度融合，提高农业产业附加价值

推进农业供给侧结构性改革，必须加快农村一、二、三产业深度融合。要加快农村内部产业深度融合，延伸农业产业链，通过发展农业生产性服务业、完善农产品产地初加工补助政策、健全农产品产地营销体系等政策，不断拓宽农业产业边界，让农户更多的分享农产品加工、销售等环节的收益，夯实农业供给侧结构性改革的微观基础。要促进农业与工业深度融合。新型工业化在吸纳农村剩余劳动力的同时，又为现代发展创造了不可或缺的现代物质技术条件和提供了建设的资金保障。因此，要着力促进农业与工业融合，以工业发展理念引领农业发展，用现代的物质装备武装农业，用现代的管理模式管理农业，推动农业现代化向纵深发展。要加快农业与新型城镇化的深度融合。加快城乡统筹发展的步伐，促进城乡产业深度融合。贯彻落实十九大报告所提出的促进农村一、二、三产业融合发展，支持和鼓励农民就业创业，拓宽增收渠道，通过政策制定，积极引导农村人口合理有序向城镇流动，在城镇化的大潮中促进农业现代化，不断开创城乡一体化发展新格局。此外，还应拓展农业多种功能，要在充分发挥农业传统功能的同时，更加注重开发农业的非传统功能，如乡村旅游、农事体验等，进一步挖掘农业的价值创造潜力。通过财政补贴、税收优惠、金融支持等政策，积极引导工商资本到农村发展新业态、新产业，不断繁荣农村、富裕农民，把农村的绿水青山变为农民的"金山银山"。[①]

（邹一南：中央党校经济学部副教授）

[①]杨建利、邢娇阳：《我国农业供给侧结构性改革研究》，《农业现代化研究》2016年第7期。

8

完善产权保护制度与提振民营经济

　　加快完善社会主义市场经济体制，是贯彻新发展理念、建设现代化经济体系的核心内容。关于如何完善社会主义市场经济体制，党的十九大报告明确指出，经济体制改革必须以完善产权制度和要素市场化配置为重点，而支持民营企业发展，激发各类市场主体活力，也成为加快完善社会主义市场经济体制的重要内容[①]。党的十九大报告，十分重视加强产权制度和产权保护、促进市场配置资源。经济学理论证实，市场机制在资源配置中起决定性作用，其逻辑须建立在有完善制度保护和有一定限制的市场交易之上。没有规模庞大的市场交易行为，市场在资源配置中起决定性作用无从谈起。促进市场交易和活跃市场行为，到底需要什么样的制度支持和交易主体？研究表明，完善的产权制度和活跃的民营经济是市场有效率的必要条件。促进市场交易，有赖于完善的产权保护制度。产权保护有助于形成稳定市场预期，预期不稳则企业投资不足、交易不畅；活跃市场交易，则有赖于大量民营经济参与，而稳定民营企业经营权和民营企业家的投资信心是关键。这正是当前完善产权保护制度与提振民营经济发展的逻辑所在。

[①] 习近平：《在中国共产党第十九次全国代表大会上的报告》，2017 年 10 月 18 日。

一、完善产权保护与提振民营经济政策新动向

完善产权保护制度，是党的十八大以来全面深化改革尤其是深化经济体制改革、完善社会主义市场经济体制的一项重要内容。从当前政策动向来看，聚焦的重心在于保护各类市场主体享受公平待遇、保护合法财产不受损害、建立和维护公平竞争的市场环境，如党的十九大报告提出要清理废除妨碍统一市场和公平竞争的各种规定和做法。完善产权保护制度和发展民营经济，已经成为我国当前和今后一段时期经济工作的重要内容。

（一）完善产权保护与提振民营经济的顶层设计

十八届三中全会提出了完善产权保护制度，保护各种所有制经济产权和合法利益；十八届四中全会提出健全以公平为核心原则的产权保护制度，加强对各种所有制经济组织和自然人财产权的保护；十八届五中全会提出推进产权保护法治化，依法保护各种所有制经济权益；习近平总书记在中国共产党第十九次全国代表大会上的重要讲话中，关于加快完善社会主义市场经济体制，也特别强调了以完善产权制度和要素市场化配置为重点，实现产权有效激励、要素自由流动、价格反应灵活、竞争公平有序、企业优胜劣汰[1]。

我国非公经济占国内生产总值的比重超过 60%、税收比重超过 50%、新增就业比重超过 90%。近年来看，占全部固定资产投资 60% 以上的民间投资失速是宏观经济发展面临的重大挑战。在这样的背景下，

---

[1] 习近平：《在中国共产党第十九次全国代表大会上的报告》，2017 年 10 月 18 日。

提振民营经济，尤其是提振民营经济发展的信心就至关重要。而提振民营企业家的信心，需要完善的产权保护制度，需要激发民营企业家的投资意愿、保护其创新的意愿和动力。对民营企业来说，完善产权保护制度的首要任务就是对不同所有制产权的公平待遇。尽管国务院关于促进非公有制经济和民间投资健康发展的相关文件，已明确对各类市场主体实施公平准入等原则和一系列政策措施。民营企业普遍反映，在市场准入条件、资源要素配置、政府管理服务等方面，仍难以享受与国有企业同等的"国民待遇"。

2016 年 6 月发布的《国务院关于在市场体系建设中建立公平竞争审查制度的意见》，是建立公平竞争市场进程中标志性的文件。在这之前，致力于公平竞争环境营造的所有文件，都聚焦在市场经营主体之间的平等上，而没有涉及行政部门的行为带来的市场不公平情形。这份文件特别指出，公平竞争审查制度的审查对象，不是企业等市场经营主体，而是政府行政机关和法律、法规授权的具有管理公共事务职能的组织等政策制定机关。审查的领域范围颇广，涉及制定市场准入、产业发展、招商引资、招标投标、政府采购、经营行为规范、资质标准等环节。进一步对国家行政部门出台政策文件进行了限制："经审查认为不具有排除、限制竞争效果的，可以实施；具有排除、限制竞争效果的，应当不予出台，或调整至符合相关要求后出台。没有进行公平竞争审查的，不得出台。"[1]为落实公平竞争审查，2016 年 7 月，国务院办公厅发布《关于进一步做好民间投资有关工作的通知》，强调努力营造一视同仁的公平竞争市场

---

[1]《国务院关于在市场体系建设中建立公平竞争审查制度的意见》[国发〔2016〕34 号]，2016 年 6 月 1 日。

环境。市场规则应平等适用各种市场主体，国家坚决取消对民间资本单独设置的附加条件和歧视性条款。从 2016 年 7 月起，国务院各部门、各省级人民政府及所属部门在有关政策措施制定过程中需要进行公平竞争审查。2017 年市县级人民政府及所属部门政策制定也需要开展公平竞争审查。为有效落实这一制度，2016 年底国务院还建立了由 28 个部门和单位①组成的公平竞争审查工作部际联席会议制度。这在我国公平竞争市场建设进程中，是具有里程碑意义的举措。

党的十九大报告在坚持和完善我国社会主义基本经济制度方面，指出了两个"毫不动摇"：毫不动摇巩固和发展公有制经济，毫不动摇鼓励、支持、引导非公有制经济发展。事实上，自党的十六大报告提出以来，对"毫不动摇鼓励、支持、引导非公有制经济发展"的表述一以贯之，充分显示出党中央对非公经济发展的坚定支持。党的十八届三中全会，对政府与市场关系的理论认识有了重大创新，关于政商之间尤其是政府与非公有制经济之间的关系，党的十九大报告又特别指出了"构建亲清新型政商关系，促进非公有制经济健康发展和非公有制经济人士健康成长"。

（二）完善产权保护与提振民营经济的政策信号

完善产权保护制度和发展民营（非公）经济，已经成为 2017 年中央

---

① 这 28 个部门和单位包括：国家发展和改革委员会、教育部、科技部、工业和信息化部、民政部、财政部、国土资源部、环境保护部、住房城乡建设部、交通运输部、水利部、农业部、商务部、文化部、卫生计生委、人民银行、国资委、税务总局、工商总局、质检总局、新闻出版广电总局、食品药品监管总局、知识产权局、法制办、银监会、证监会、保监会、能源局。

政府的重要工作内容。中央全面深化改革领导小组第二十七次会议审议通过、2016 年底正式发布的《中共中央国务院关于完善产权保护制度依法保护产权的意见》，则是我国首次以中央名义出台产权保护的顶层设计，可以被看作完善产权保护制度的行动纲领。李克强总理在 2017 年政府工作报告中，专门强调了要加强产权保护制度建设，"保护产权就是保护劳动、保护发明创造、保护和发展生产力。要加快完善产权保护制度，依法保障各种所有制经济组织和公民财产权，激励人们创业创新创富，激发和保护企业家精神，使企业家安心经营、放心投资。对于侵害企业产权的行为，必须严肃查处、有错必纠。"① 在更好激发非公有制经济活力方面，政府工作报告提出，"深入落实支持非公有制经济发展的政策措施。加快构建新型政商关系。鼓励非公有制企业参与国有企业改革。坚持权利平等、机会平等、规则平等，进一步放宽非公有制经济市场准入。凡法律法规未明确禁入的行业和领域，都要允许各类市场主体平等进入；凡向外资开放的行业和领域，都要向民间资本开放；凡影响市场公平竞争的不合理行为，都要坚决制止。"

这些都已经释放了清晰的保护产权和激活民营经济的政策信号。而与往年政府工作报告不同的是，2017 年政府工作报告还提出降低企业制度性交易成本，这也是制度性交易成本首次写进中央的政府工作报告。通过改革降低制度性交易成本，扩大民营企业盈利空间，倒逼政府部门全面深化改革，无疑有着重大现实意义。

---

① 李克强：《在第十二届全国人民代表大会第五次会议上的政府工作报告》，2017 年 3 月 5 日。

二、产权保护与民营经济发展：困境、措施与效率

中国改革开放的实践已经表明，民营经济是打破市场垄断、优化市场竞争、促进技术创新的重要组织载体。当前民营经济增长相对乏力，提振民营经济呼唤良好的产权保护制度。从产权视角出发，民营企业的权益主要包括行业准入权、经营权、控股权、收益权等系列权利。民营企业权益受损则主要表现为行业准入门槛高、投资权益得不到有效保障、制度性成本高于国有企业等方面，这是当前制约民营经济发展的突出问题。完善产权保护制度促进民营经济发展需要系统性政策。具体来说，降低入市审批门槛、减少制度交易费用、强化社会性监管、保护合法财产收益，是摆在当前的重要任务。这些要求，也正是我国大力推进完善产权保护制度、提振民营经济的重要内容。

（一）降低入市审批门槛，有序退出低效率僵尸企业

长期以来，我国民营经济处于高准入与高退出的"双高"壁垒下。企业市场准入大多要经过严格的行政审批，而市场退出则更容易受地方政府的干预。世界银行的调查数据显示：在我国开办一家企业平均花费时间为 30 天，而在经合组织成员国家平均只需要 8.3 天。在 189 个经济体中，"办理施工许可难易程度"分项我国排名仅为 176 名[①]。开办企业难易程度等诸多环节，我国在世界上的排名依然非常靠后，这表明我国市场准入条件仍非常高。

---

① 数据来源：世界银行，《2016 年营商环境报告》。

表1：2016 年我国营商环境部分指标世界排名

主题	世界排名	主题	世界排名
开办企业	136	办理施工许可证	176
获得电力	92	保护少数投资者	134
纳税	132	跨境贸易	96

资料来源：世界银行，《2016 年营商环境报告》。

"放管服"改革和商事制度改革，着力于优化市场准入规则、改善市场准入条件、降低市场准入壁垒，进一步弱化市场退出壁垒、完善市场退出机制，利用市场机制使高效率生产要素替代低效率生产要素，通过优化要素配置恢复企业活力。这些改革举措，有效地降低了市场准入门槛。国家工商行政管理总局的数据显示出这些改革措施所释放的巨大潜力：2016 年，全国新登记市场主体分别同比增长 10.7%、14.8%、14.8%、6.1%。全年新登记 1651.3 万户，同比增长 11.6%，平均每天新登记 4.51 万户。

当前大量"僵尸企业"存在，表明市场退出壁垒也异常高，大量企业在政府财政支持下"死而不腐"。这样的情形下，使得市场正常的优胜劣汰机制难以发挥作用：高效率企业进不来，低效率企业退不出，显然成为经济发展的一大障碍。在降低企业退出壁垒，依法清理僵尸企业方面也取得了重要进展。最高法院数据显示：2016 年，全国法院共受理企业破产案件 5665 件，同比上升 53.8%，审结企业破产案件 3602 件，同比上升 60.6%，85% 的已审结案件导致了破产清算。

（二）扩充民营企业经营权能，减少制度性交易费用

清晰界定民营企业经营权边界，是以完善产权保护提振民营企业的重要手段。过去，在许多领域民营企业是否拥有经营权，缺乏明晰的产权界定。完善产权保护制度，也需要明确、更重要的是扩充民营企业的经营权能，最大限度减少对民营企业投资领域的限制。2016 年 8 月，国家对民营企业经营权涉及的领域进一步扩充，坚持"法无禁止即可为"的原则，允许民营资本进入自然资源开发、环境保护、能源、交通、市政公用事业等领域①。同时，也取消了除法律法规有明确规定外的最低注册资本、股东结构、股份比例等限制。2016 年 12 月，国家全面放开养老服务市场②，在降低行业准入门槛的同时，扩大行业准入范围，允许外资企业进入该领域。2017 年 3 月，国务院办公厅发布《关于进一步激发社会领域投资活力的意见》，其中第一条意见就是扎实有效放宽行业准入，鼓励社会资本和民营资本进入传统上认为只有政府资本才能进入的医疗、养老等产业。企业经营权能不断扩展的同时，市场需求和社会资本的活力进一步释放。

根据《人民日报》对 53 家企业的调查，受访企业普遍认为，当前政府最应推动降低的成本是制度性交易成本③。在减少制度性交易费用方面，降成本空间巨大，降低企业税费负担有助于抵消要素投入带来的成本上升，而商事登记制度改革推进以及"大众创业、万众创新"，使得企业的设立和运营成本进一步降低。

为此，我国持续推进简政放权、放管结合、优化服务改革。降低制

---

① 参见《国务院关于印发降低实体经济企业成本工作方案的通知》[国发〔2016〕48号]，2016 年 8 月 8 日。

② 国务院办公厅：《关于全面放开养老服务市场提升养老服务质量的若干意见》[国办发〔2016〕91号]，2016 年 12 月 23 日。

③ 人民网：《这些成本最该降——对两省四市五十三家企业制度性交易成本的调查》，《人民日报》，2016 年 5 月 9 日第 17 版。

度性交易成本的核心在于制度创新。2016 年，在提前完成本届政府减少行政审批事项三分之一目标的基础上，又取消了 165 项国务院部门及其指定地方实施的审批事项，清理规范 192 项审批中介服务事项、220 项职业资格许可认定事项[①]。2016 年 6 月 30 日，国务院办公厅发文在全国推广实施"五证合一"（即营业执照、组织机构代码证、税务登记证、社会保险登记证和统计登记证合成一本证）。这给企业降低了很大的时间等制度性交易成本。

（三）强化社会性监管，弱化经济性干预

提振民营经济，需要减少政府对企业直接的经济性干预，但同时也应加强社会性干预。政府职能转变要服务于实体经济，要求政府不能干预实体企业的经营决策，对企业经营决策干预得多，就容易出现"一管就死"。监管经济，要求政府统一监管规则并"一视同仁"地执行，监管规则不统一、执法目标有选择，则容易出现"一放就乱"。从监管的内容来看，政府的监管主要有两类：一类是经济性监管，如对价格、产量、财务等内容的监管；另一类是社会性监管，如对安全、环保、健康等内容的监管。强经济性监管而弱社会性监管，市场机制必定受阻，注重安全、环保、健康的企业可能因为成本高被逆向淘汰，从而对企业发展产生负向激励。当下，供给侧结构性改革正稳步推进，政府简政放权力度空前，强化服务、放松监管已成必然之势。但是，放松政府监管并不意味着同时放松经济性监管和社会性监管。政府在减少经济性管制的同时加强社

---

① 李克强：《在第十二届全国人民代表大会第五次会议上的政府工作报告》，2017 年3 月5 日。

会性管制，创造更加有利于市场机制发挥作用的空间，为实体经济发展提供一个公平的竞争和管制环境。

2016 年 8 月，国务院提出的降成本意见中，体现了强化社会性监管和弱化经济性监管的原则。初步建立了以信用为核心的新型监管机制，强化企业自我约束功能。政府聚焦提供社会信用监管等公共物品，提出"利用好全国信用信息共享平台及企业信用信息公示系统，加强信用信息归集、共享、公开和使用。开展守信联合激励和失信联合惩戒，在行政管理、公共服务、市场交易和投融资等领域对守信企业实施优惠便利措施，对失信企业依法严格限制和约束"。

（四）保护合法财产收益，降低维权成本

《中共中央国务院关于完善产权保护制度依法保护产权的意见》（以下简称《意见》）的发布，对民营企业来说是稳定产权的重要保障。《意见》实际上提出了侵犯民营企业产权的几种主要形式，突出表现在财产归属权不清晰：实践中经常把个人财产和企业法人财产混淆、把个人财产和家庭财产混淆、把合法财产和非法财产混淆，同时对于私人财产的强制措施、没收等处理程序存在很大问题。这些问题正是民营企业家不愿意投资的掣肘。

《意见》提出的十条要求在很大程度上旨在解决上述困境[1]。从内容来看，多数涉及了对民营企业的保护：如对各种所有制企业公平公正、一视同仁。《意见》指出，"保证各种所有制经济依法平等使用生产要

---

[1] 详见《中共中央国务院关于完善产权保护制度依法保护产权的意见》，2016 年 11 月 4 日。

素、公开公平公正参与市场竞争"，"平等保护各类市场主体"。还有对历史产权案件的处理，重点向民营企业倾斜。其中，特别强调"以发展眼光客观看待和依法妥善处理改革开放以来各类企业特别是民营企业经营过程中存在的不规范问题"。增强民营企业家的信心是活跃民营经济的关键，《意见》突出重视民营企业家的个人财产，强调"采取查封、扣押、冻结措施和处置涉案财物时，要依法严格区分个人财产和企业法人财产""对企业违法，在处置企业法人财产时不任意牵连股东、企业经营管理者个人合法财产""对涉及犯罪的民营企业投资人，在当事人服刑期间依法保障其行使财产权利等民事权利"。这些原则将更加有利于稳定民营企业家的投资信心。

不难发现，此中央文件的重点就在于保护民营企业和提振民营企业家信心。在政府职能方面，《意见》进行了更加清晰的界定，特别对政府损害民营企业利益的补偿提出了重要原则。比如，在政府官员换届中如何保护企业家投资，《意见》提出，"认真履行在招商引资、政府与社会资本合作等活动中与投资主体依法签订的各类合同，不得以政府换届、领导人员更替等理由违约毁约，因违约毁约侵犯合法权益的，要承担法律和经济责任。"《意见》对政府行为有了进一步约束，尤其是对公共利益的界定，有了更严格的限定。特别提出，"合理界定征收征用适用的公共利益范围，不将公共利益扩大化，细化规范征收征用法定权限和程序。遵循及时合理补偿原则，完善国家补偿制度，进一步明确补偿的范围、形式和标准，给予被征收征用者公平合理补偿。"

当前政策还致力于加强知识产权保护，加大对专利、注册商标、商业秘密等方面知识产权侵权假冒行为的打击力度，降低企业维权成本。

（五）降税减费为民营经济发展创造盈利空间

我国的宏观税负[1]不断上升，1996 年我国的宏观税负约为 16.5%，2015 年的宏观税负高达 29.33%，高于美国、瑞士、韩国等国家；扩大口径的宏观税负为 34.30%，高于 OECD 国家。在扣除原材料成本后，2015 年各种税收和行政性收费占企业总成本的比例高达 15.1% 以上[2]。而社会保险缴费占企业劳动力成本的比例 2015 年达到 19.4%，近年来占比高、增长快。

为真正降低企业的税负，我国政府首次通过增加财政赤字来减税降费，2016 年政府工作报告提出，"适度扩大财政赤字，主要用于减税降费，进一步减轻企业负担。"[3]2017 年，积极的财政政策力度正在不断加大，而增加的财政赤字主要用于减税降费。

同时，全面推开营改增试点，2016 年全年降低了企业税负 5700 多亿元，所有行业实现税负只减不增[4]。2017 年 7 月 1 日起，我国对增值税税率分档进行了调整，由四档减至 17%、11% 和 6% 三档，取消 13% 这一档税率，并将农产品、天然气等增值税税率从 13% 降至 11%。同时，对农产品深加工企业购入农产品维持原扣除力度不变，避免因进项抵扣减少而增加税负。

在政府减费方面，政策力度也相当大。财政部数据显示，2016 年进

---

[1] 宏观税负水平，以广义财政收入总额相当于全年 GDP 的比重表示。其中，扩大口径宏观税负包括了国有土地出让收入。

[2] 数据来源：北京师范大学中国收入分配研究院《中国劳动力成本问题研究》课题组。

[3] 李克强：《在第十二届全国人民代表大会第四次会议上的政府工作报告》，2016 年 3 月 5 日。

[4] 李克强：《在第十二届全国人民代表大会第五次会议上的政府工作报告》，2017 年 3 月 5 日。

一步加大了收费基金清理和改革力度，取消、停征和整合新菜地开发建设基金等7项政府性基金；将免征教育费附加、地方教育附加、水利建设基金的范围，由现行月销售额或营业额不超过3万元扩大到10万元；将原只对小微企业免征的18项行政事业性收费扩大到所有企业和个人。上述措施，每年减轻企业和个人负担约270亿元。

三、完善产权保护制度的实施路径

（一）以公有制基础完善产权保护制度的政策出路

从理论上来看，产权是新制度经济学的重要概念和经济分析的逻辑起点。狭义的产权一般是指所有权，而广义的产权除了所有权外，还包括使用权、处分权、收益权等其他权利，产权束就是这些权利的集合。由这一束权利构成的产权，用以约束市场交易主体行为、界定市场行为的权责边界。所有权对经济效率的影响趋于弱化，这观点已被大量的实践和文献证实。对经济效率和市场均衡产生更大影响的产权权利，是经济主体对所有权之外其他权利的有效利用和合法保护。此研究结论充分证明，在公有制下探索有效率的产权制度安排，存在合理的制度选择路径。这个路径的关键在于保障好所有权之外的其他衍生权利。这是在公有制为主的前提下，完善产权保护制度需要努力的政策方向。

要明确产权保护制度的方向，需要了解什么样的产权制度是好的制度？关于这个问题，制度经济学理论已形成了部分共识。一般认为，好的产权制度有几个特征：第一，产权的界定要清晰。清晰的产权界定，不仅要明确所有权，更重要的是所有权不能缺位。近年来的国有企业改革，正是建立在所有权明确的基础之上，逐步让所有权主体归位，避免虚置。

所有权之外的其他权利，也要有清晰的界定。第二，产权作为一束权利，要易于分割。实践证明，权利的进一步分割和使用，有助于经济效率的提高和产权的保护。我国农村耕地"三权分置"改革，将承包权进一步分割出经营权，不仅保护了集体作为土地所有者的权利，也保护了农户作为集体成员的承包权利，还促进了经营权大规模的有序流转。第三，产权要能够有效行使。产权界定清晰是前提，但是如果权利主体无法有效行使已被清晰界定的产权，或者行使产权的成本足够高，以至对行为人来说，选择不行使产权比选择行使产权更理性，这样的产权是缺乏效率的。第四，产权要易于保护。产权界定了行为主体的权责边界，当一方越过权责损害另一方时，受损害的产权主体是否易于保护和主张自己的权利，关乎产权的经济效率。越能够满足上述条件，产权制度安排就相对更完善和有效。

（二）完善产权保护制度需降低两类制度性成本

当然，有效的产权安排也是有成本的，这成本至少包括两部分。一部分是界定产权的成本。正因为产权是一束权利，清晰界定这束权利所包含的具体产权形式，是有制度性成本的。从合约的角度看，将产权涉及的各项权利写进合约近乎不可能。从我国现实来看，民营企业在市场自主经营权的权利上，也经历了一个不清晰到相对清晰的过程。我国大力推进的"放管服"改革，就是降低界定产权的成本，让企业获得市场经营权更加便捷和低成本；而政府部门负面清单管理制度和责任制度，就是重新界定了政府与市场的边界，让企业的市场经营权有了更宽的选择范围。产权制度的另一部分是交易成本。交易成本通常指为完成交易所需要承担的非直接生产性成本，包括契约保护和执行费用、发现价格信息的费用、谈判的费用等。降低交易费用，因而也构成完善产权保护制度的重要内容。

事实上，从现行的政策措施上看，我国已经在完善产权保护制度的方向上开始实行"两手抓"：一手抓清晰界定产权和依法保护产权，另一手抓降低交易费用。这两方面的工作已经扎实有效地同步推进。

四、提振民营经济的政策方向

尽管国家先后出台了诸多系统性政策支持民营经济，但部分政策的实施细则操作性并不强，民营企业面临的隐形制度性成本仍然较高。政策相对到位、执行存在偏差，这是民营企业普遍面临的制度性困境。提振民营经济并非一蹴而就，要释放国家提振民营企业的积极信号，恢复民营企业家投资信心，强化政府与民营企业家之间的信任，积极引导民营企业转换低成本竞争思维模式。

（一）稳定民营企业合法的生产经营权

实际上，国家支持民营企业发展的政策储备已经相对充足。如2005年国家出台《关于鼓励支持和引导个体私营等非公有制经济发展的若干意见》（"非公经济36条"），2010年出台《国务院关于鼓励和引导民间投资健康发展的若干意见》（"新36条"）。但对民营企业来说，如此重要的文件似乎并没有稳住民营企业家的投资信心。近几年的数据显示，民营资本投资增速回落明显[1]，亟须稳定民营资本投资的信心。稳

---

[1] 比如，2016年前三季度国有控股投资增长21.1%，而民间投资只增长了2.5%。

定投资信心需要释放清晰的提振民营企业的积极信号，可以从以下几方面重点推进。

释放更强烈的减税信号，从结构性减税走向全面减税，真正减轻企业税负。民营企业投资意愿低的根本因素在于比较收益低，而高税负是重要因素。结构性减税不能让制造业企业感觉到强烈的减税信号，"营改增"减税对许多财务体系并不健全的中小民营企业来说并没有形成真实的减税。

释放鼓励企业雇用劳动力的积极信号。调整现行《劳动合同法》，释放民营企业雇用工人的压力。现行的《劳动合同法》对劳资双方来说不对称，虽然看起来有利于劳动者但对雇用劳动的一方来说却非常不公平，从而导致企业主减少劳动力使用，最终还是损害了劳动者的利益。尤其是固定期限劳动合同，对民营企业来说直接提高了用工成本。激活制造业企业干事创业的热情，修改《劳动合同法》将释放积极信号，为鼓励民营企业雇用劳动工人提供正向激励。

释放稳定民营企业生产经营权的可靠信号。调研中发现，在推进去产能和加强环保督察的过程中，民营企业生产经营权稳定性受到威胁。表现在：第一，部分合规审批的产能，因环保执法被关停[①]。说到底，这是企业生产经营权和污染排放权的权责界定问题，理论上是可以通过清晰界定产权和降低交易费用来解决的。宏观调控政策不宜直接限制民营企业生产经营权，而是要探索不同产权权利的边界。第二，合法合规的产能因去产能指标行政分配，被强制拆除或关停。这样一来，民营企业家认为未来生产预期的不确定性在逐步增强。

---

① 其中部分产能是可以通过技术手段达到环保标准的，在执法过程中仍然被强制关停。

（二）释放保护民营企业家的积极信号

释放保护民营企业家合法财产的清晰信号，切实解决民营企业"不能投""不敢投"等问题。什么信号最清晰？从我国改革的实践来看，具体的案例起到的信号释放作用最明显。20 多年前，邓小平同志针对社会上出现的对于改革政策和经商环境的疑虑，提出"不要动"傻子瓜子的经营者。这个具体判例就是一个强烈的信号。对于扭转信心下滑所起到的作用，具体事例比文件的感染力和说服力要更强。当前保护民营企业家的合法财产，文件不缺但缺的是具体的案例，应尽快让公众看到释放依法保护产权强烈信号的具体事例。

厘清执法边界，对民营企业家涉案财产处置不能牵连民营企业家的合法财产。在法律框架下约束民营企业家的行为，让法律真正成为引导民营企业家行为的制度底线。杜绝公权力侵害私有产权、违法查封扣押冻结民营企业财产等现象。

营造有利于民营企业家成长的舆论环境，激发企业家精神。企业家和企业家精神是社会中的稀缺资源，全社会要形成尊重企业家、理解企业家、关怀企业家、支持企业家的社会氛围，尊重企业家的特殊劳动，重视企业家的社会价值。

（三）引导民营企业转换低成本竞争思维

低成本竞争只是企业的一种竞争策略，企业长久依靠低成本发展将削弱企业的持续创新能力。低成本思维锁定容易导致在传统比较优势丧失前还没有形成自己核心竞争优势的困境。在我国地区间竞争模式下，低成本竞争思维还容易误导政策的制定。对民营企业来说，大多依靠低成本竞争，当前政策的着力点也更多集中在降成本上。但是低成本竞争的思维模式，从长期来看并非有效的竞争策略，需要引导民营企业积极转换思维。低成本发展思维已经在一定程度上阻碍了民营经济升级和发展，需要预防落入比较优势陷阱。

低成本发展思维需要改变，提高企业定价能力是摆脱低成本竞争的关键。成本高就没有竞争力是传统的认识误区，关键在于企业是否具有定价能力。事实上，成本竞争只是企业的一种竞争策略。成本高并不一定没有竞争力，更重要的是企业将价格定在成本之上的能力。定价能力是企业竞争优势培育的"牛鼻子"，企业自主创新、组织变革等提高企业竞争能力的手段，最终都将反映到企业的定价能力上。有数据显示，我国企业的定价能力已经连续四年降低，这种态势亟待扭转。

调整过度依赖低成本发展的思维，低成本发展思维不利于定价能力提升：低成本发展思维通常会导致政府选择性补贴，以降低企业运营成本，但结果往往补贴了竞争中的弱者，导致不公平竞争。容易陷入"综合成本升高——降成本——政府竞争性补贴降成本——低端生产过剩"这样的循环。降低交易和制度性成本不仅抵消生产成本上升带来的负面影响，更是普惠性的改革措施，有利于创造更加公平和低成本的营商环境，也有利于企业提高定价能力从而摆脱低成本竞争。

（杨振：中央党校经济学部副教授）

9

防范金融风险与维护金融安全

习近平总书记在党的十九大报告中提出："深化金融体制改革，增强金融服务实体经济能力，提高直接融资比重，促进多层次资本市场健康发展。健全货币政策和宏观审慎政策双支柱调控框架，深化利率和汇率市场化改革。健全金融监管体系，守住不发生系统性金融风险的底线。"金融是国之重器，是国民经济的血脉。要把握好服务实体经济、深化金融改革和防控金融风险"三位一体"的金融工作主题，把服务实体经济作为根本目的，把深化金融改革作为根本动力，把防范化解系统性风险作为核心目标，促进经济与金融良性循环，共生共荣。2017 年 7 月 14 日至 15 日，习总书记在第五次全国金融工作会议上指出："防止发生系统性金融风险是金融工作的永恒主题。要把主动防范化解系统性金融风险放在更加重要的位置，科学防范，早识别、早预警、早发现、早处置，着力防范化解重点领域风险，着力完善金融安全防线和风险应急处置机制。"本文主要分析当前我国存在的金融风险隐患及如何维护我国的金融安全。

一、当前我国存在的金融风险隐患

当前，分析中国的金融风险问题，有两个基本的背景：一个是中国经济增长速度放缓，另一个是中国正在大力推进金融市场化改革。经济增长速度放缓会导致不良贷款率的提升，增加银行的信贷风险、市场风险和流动性风险，推动银行进军新的资产类别和业务模式。金融危机往往发生在技术革命和所谓的经济奇迹之后，因为投资者和政策制定者开始高估潜在的经济增长率。政策制定者可能会把潜在增长率的结构性下滑误解为周期性下滑，并采用扩张性政策来刺激经济增长，导致实际GDP 增速进一步偏离潜在水平，从而为经济过热和最终的痛苦调整播下恶种。潜在增长率下滑是一个很好的衡量金融危机的先行指标。与此同时，金融市场化改革允许更多的银行超越之前简单的存贷款业务，促使各种非银行金融机构和金融市场业务快速增长，混业经营的趋势已经非常明显。而当前的金融监管现状还跟不上金融机构的混业经营的步伐，导致监管的空白和重叠。另外，随着互联网金融的快速发展以及金融全球化浪潮的推动，我国的金融科技风险和外部冲击风险不容小觑。

（一）中国经济高杠杆风险隐患

所谓的杠杆指的是借入资金以扩大经营，通俗讲即是以小（少量资本金）博大（更大的总资产）。学术界已将杠杆水平抬升确定为一个预测金融危机的简单有效的先行指标。直观地说，杠杆水平作为金融危机的先行指标是有道理的。纵观历史，经济泡沫之前通常都会经历经济奇迹，有的真实，有的虚幻。20 世纪 70 年代初至今，大宗商品价格、货币汇率、资产价格的波动超过以往任何时期，金融危机发生频率之高、影响程度之大、涉及范围之广，为以往所未见。短短四十多年时间，已出现四轮银行危机，每轮危机导致大量银行破产。这四轮危机有一个共同特点，就是都伴随着信贷供给的快速上涨。某些危机的发生似乎为下一轮的不同国家的信贷供给快速上涨奠定了基础。虽然导致信贷膨胀的外部冲击背景各不相同，但金融危机的爆发主要源于信贷膨胀。正如一句法国谚语所说，"某一事物变幻越多，其本质就越难改变"。现象变幻无穷，本质却始终如一。绝大多数危机爆发前都伴随信贷泡沫，这正是危机的共性。

那么中国当前是否存在由于经济增速放缓而有可能引发的银行部门信贷风险、债券市场的违约风险、政府债务风险和房地产泡沫风险？这四种风险归结为一点，就是信贷膨胀引发的高杠杆风险。一般来讲，衡量杠杆率的指标分为两种：一种称之为总指标，以国内信贷占 GDP 的比重来衡量经济杠杆率，高的经济杠杆率存在风险隐患，是金融危机的先行指标。另一种称之为分部门指标，即政府部门杠杆率、非金融企业杠杆率和金融机构杠杆率。首先从总指标来看，国际上普遍存在一个"5-30"规则——即主要经济体在金融危机爆发前杠杆率急剧上升，通常危机爆发前的五年时间内信贷占 GDP 的比重会上升约 30 个百分点。中国国内信贷占 GDP 的比重从 2011 年的 111% 迅速上升至 2016 年的 143%，上升 32 个百分点。32% 确实意味着信贷过度扩张，应当引起监管机构的警惕。下面分别从分部门指标来分析，即政府部门杠杆、非金融企业杠杆和金融机构杠杆。

1. 地方政府债务风险

政府部门杠杆率用政府债务占 GDP 比重来衡量。截至 2016 年末，我国地方政府债务余额 15.32 万亿元，地方政府债务率为 80.5%。纳入预算管理的中央国债余额 12.01 万亿元，两项合计，我国政府债务 27.33 万亿元，负债率为 36.7%。我国政府整体负债率不仅低于欧盟 60% 的警戒线，也低于主要市场经济国家和新兴市场国家水平。尽管地方债风险总体可控，但局部地区债务高企仍需引起重视。2015 年已有 8 省份债务率超警戒线。再加上现在的经济增长趋势下行，房地产市场调整，地方财政来自于土地收入的比例在下降，或者不稳定。不排除地方政府不能够兑付到期债券本息的情况。融资平台存量债务仍有后遗症，需高度警惕隐性债务蔓延。有部分地方政府负债被"隐蔽"：43 号文实施以后，一种是地方政府融资平台通过企业形式来借钱，算入国有企业的负债，政府债变成了企业债；还有一种就是通过 PPP 模式，企业应该以股权形式投入，但现实操作中，"股"实际上是"债"，企业怕有风险，地方政府给企业提供债务和利息的保障偿还水平，"明股实债"情况很多。

2. 企业债务风险需高度警惕

企业债务问题实质上是企业资本结构问题。诺奖获得者 Modigliani 和 Miller 提出的"MM 定理"：企业资本结构与企业的价值无关。因此企业负债根本不存在"过高"的问题，但 MM 定理是在无所得税、无破产风险、资本市场充分有效、交易成本为零等苛刻条件下形成的。从实际经验来看，负债率提高在增加企业价值的同时，企业破产风险和成本也会随之增加。因此，企业负债率绝非越高越好。超过平衡状态负债，会对企业长期持续经营产生不可低估的负面影响。企业在资产负债表失衡的情况下，其经营目标可能从"利润最大化"转为"负债最小化"，即所有现金流都用于还债，从而形成一种不事生产、专门还债的信用紧缩局面。高负债还可能使企业丧失融资能力，发生"债务紧缩"。企业偿债能力衰降，则会生成金融体系的巨额不良资产，引发债务性的金融危机。

30 多年来，在以高投入和高负债维持高增长的大背景下，企业不断加大举债投资规模，扩大产能占领更多市场份额，以致多数行业产能过剩。金融危机以来，在欧美艰难"去杠杆"的情况下，中国不少区域和行业，却实施了更大的产能扩张，进一步加剧了产能过剩矛盾，并导致全要素生产率降低、投资回报下降、企业偿债能力进一步降低。对生产性企业而言，产能过剩加剧与偿债能力降低，可能形成"去杠杆"的双向"负螺旋"。其中，国有企业的"去杠杆"任务更是重中之重。2015年底，我国国有企业的资产负债率为 65.7%，其中中央企业的负债率是 72.7%。但国企和央企的资产报酬率却在逐年下降，国企从 2007 年的 6.4%降到 2015 年的 2.9%，央企从 2007 年的 7.1%降到 2015 年的 3.4%。因此产生了"僵尸企业"。"僵尸企业"对经济的危害是十分巨大的：第一，"僵尸企业"需要金融机构或财政资金不断输血，浪费了宝贵的金融资源。第二，"僵尸企业"掩盖银行等金融机构坏账率，危及金融稳定，可能最终引发更大的金融危机。第三，"僵尸企业"扭曲了市场激励机制，导致低效驱逐高效（劣币驱逐良币），使企业失去了提高效率、寻找有效出路、主动进行破坏性创新的动力。由于"僵尸企业"一般都是产能过剩企业，处于生产力水平较低的夕阳或落后行业，给其输血阻碍了发展方式转变，妨碍了产业结构的优化调整。

3. 金融杠杆及其背后的房地产泡沫破裂风险

根据银监会统计数据，我国银行业资产规模从 2010 年年底的 94.26万亿元增长至 2017 年 4 月底的 231.95 万亿，是 2010 年年底的 2.46 倍。其中，大型商业银行、股份制商业银行、城市商业银行的资产规模分别从 45.88 万亿、14.86 万亿、7.85 万亿增长至 2017 年 4 月底的 83.28 万亿、

43.36 万亿、29.26 万亿，分别是 2010 年年底的 1.82 倍、2.92 倍、3.73 倍。虽然银行业的资产规模急剧扩张，但由于受到监管的限制银行业的杠杆水平并未有大幅攀升。相反，银行业整体的杠杆水平在近年来反而有所下降。2017 年 4 月底，银行业整体的杠杆倍数为 12.82 倍，而 2010 年年底则为 16.19 倍。当然，值得注意的是，虽然大型商业银行和股份制商业银行的杠杆水平在近年来有所下降，但城市商业银行的杠杆水平在 2015 年以来却是处于上升趋势的。城市商业银行 2014 年年底的杠杆倍数为 14.5 倍，而在 2017 年 4 月底则上升至 15.26 倍。由此可见，银行业的杠杆目前存在内部分化，大型商业银行和股份制银行等大行降杠杆的同时，城市商业银行等小行则在加杠杆。

虽然银行杠杆总体不高，但房地产贷款在贷款余额中占比非常高。房地产泡沫是事关中国经济金融和社会发展全局的重大问题。放任房地产泡沫发展，后果不堪设想。过去两百年的历次金融危机告诉我们，十次危机九次是祸起萧墙——栽倒在房地产上。当前我国最大的潜在资产泡沫是房地产。现阶段，北京、上海、杭州、深圳等多地房价在短短半年至一年的时间内翻倍，甚至连翻数倍，引发更多购房者恐慌入市，房价进一步被推升，楼市深陷房价泡沫陷阱。让过热的房地产软着陆，中国经济才有未来。如果任由房价过快上涨，必将带来一系列风险。

（二）金融混业经营风险

当前，我国金融体系的格局已经悄然发生了变化，不同类型金融机构间、金融机构与金融市场间以及不同金融市场之间出现了更为紧密的联系。越来越多的资本通过非银行渠道成为表外业务。与传统银行业不同，这些新渠道将各类金融机构联系到一起。也就是说，不同业态的分界越来越模糊，甚至出现了一定程度的交叠，银行业正在从传统分业经营模式转为混业经营的模式。

1. 影子银行连接银行、证券和保险

一是商业银行表外业务发展迅猛。商业银行表外业务的发展是由多方面因素推动的。第一，国际金融危机爆发后，我国推出"四万亿"经济刺激计划，大力推动基建投资，同时也带动了政府平台和房地产投资的迅速扩张。基础建设投资的后续融资有较强刚性，银行贷款规模受到限制后，需通过其他渠道来满足，这就促进了表外业务的发展。第二，银行客户对资产保值增值的诉求不断提高，存款渠道收益有限，而表外业务顺应了这种诉求。因此，银行为了争夺资源，不断创新各类表外业务。第三，利率市场化严重挤压了银行的存贷利差空间，各商业银行纷纷将目标转向了表外业务。表外业务通过与信托公司和资产管理公司合作，规避资本充足率和准备金的要求，达到降低成本和有效规避资产方面监管的目标。

二是影子银行等非银行金融机构的数量和规模都大幅增加。2010年以来，在传统银行信贷不能满足实体经济的背景下，企业开始寻求其他的融资方式，影子银行业务也应运而生。货币市场共同基金、信托公司、资产管理公司等都经历了快速的增长。以信托公司为例，信托机构一方面发行信托产品，向实体企业提供资金，另一方面与银行理财资金对接，将产品转卖给银行。这种发行并转售的方式，被称为通道业务。在需求方，企业通过以通道业务为代表的影子银行体系获得资金，在供给方，银行将自身的表外业务与影子银行对接，规避了监管。在供求双方力量共同作用下，我国影子银行体系在2011年后得到了快速的发展。整体上看，

我国影子银行系统在我国金融体系中的重要性不断提升,影响日益深远。

2.同业杠杆风险在逐步显现

目前主流的金融加杠杆过程可被归纳为"同业杠杆",在货币宽松推动信用快速扩张时期,金融机构不仅通过实体信贷扩张放大自身杠杆,还利用较低的短端负债利率,放大同业杠杆,进行政策套利。资金流转路径为"金融机构 A--> 金融机构 B--> 实体部门贷款 --> 实体部门存款 --> 金融机构 A 或 B",若金融机构 A--> 金融机构 B 是表内资金向表外转移的过程,那么这样的同业杠杆模式,实为影子银行模式。若机构 A 为大行,金融机构 B 为中小行,那么这样的同业杠杆模式可以对应到目前同业存单和委外投资撬动的结构性杠杆模式。

与传统的信贷模式不同,这种同业杠杆模式不仅由传统的信贷需求驱动,而且更是受到金融机构套利动机的驱使,不仅放大了传统信贷模式下的信用风险,同时还暴露了利率波动下随之而来的流动性风险敞口。金融杠杆的链条变长使得风险结构日益复杂。"通道业务"或"信用中介"无法真实穿透,暗中抬升了资金投向的风险水平,扩大银行自身的杠杆。

3.资产证券化使风险链条加长

2002—2006 年,资产证券化对美国房地产泡沫膨胀起到推波助澜的作用。投资银行以抵押贷款为基础,按照信用风险及到期时间进行打包,将其进行信用增进后,以资产包的本息现金流,设计出资产证券(ABSs)等一系列衍生产品。资产证券比单一信托产品具有更好的流动性。通过证券化等金融创新手段,银行可分散单一信贷项目风险,并获得更好的流动性,因此抵押贷款的信贷扩张进一步加速。

金融风险包含资产证券化风险，资产证券化风险是金融风险的重要组成部分，尤其是当美国次贷危机爆发以后，人们逐步意识到资产证券化风险远比我们想象的要复杂得多。资产证券化风险与金融风险成因理论有密切的联系，能引起金融风险的原因同时也是资产证券化风险产生的主要原因。第一，金融不稳定理论适用于资产证券化风险的研究。随着经济周期性的波动，金融市场会出现不稳定性，尤其是当经济增长放缓并开始走下坡路，任何阻断贷款流向生产部门的事件都会引发违约和企业破产，影响很快波及金融部门，金融机构的破产效应迅速传递开来，金融风险相应产生。第二，金融信息不对称理论适用于资产证券化风险的研究。资产证券化是一项高度复杂的金融创新工具，很多产品是金融从业人员专门设计的，外行人很难完全理解，更别说普通老百姓了。所以这自然会出现信息不对称问题，当一方缺乏另一方的行动信息，这时拥有信息的一方就可以利用这种信息优势，从事使自身利益最大化但损害另一方利益的行为。这种信息不对称的情况同样适用于资产证券化风险。

（三）金融科技对金融稳定带来的影响

金融活动是一国最为重要的经济活动类型之一，涉及国家金融安全、经济秩序稳定和社会稳定发展。近年来，金融科技概念在全球范围内迅速兴起，引起了国际组织和各国监管机构的广泛关注。如何通过金融与科技的有机结合，探索完善金融服务和监管模式，更好地实现安全与效率的平衡，是市场机构和监管部门共同面临的重要课题。2016年3月，全球金融治理的牵头机构——金融稳定理事会发布了《金融科技的描述与分析框架报告》，第一次在国际组织层面对金融科技做出了初步定义，即金融科技是指通过技术手段推动金融创新，形成对金融市场、金融机构及金融服务产生重大影响的业务模式、技术应用以及流程和产品。在金融科技的概念范畴中，区块链被广泛认为是最具发展潜力的代表性技术，也最有可能对现有金融业务模式产生重大甚至可能是颠覆性的影响。这也是其受到国际组织、各国监管当局和金融机构广泛关注的重要原因。其逻辑为：当一笔交易发生后，交易参与者可以向网络提交该笔交易信息，交易信息经过加密后变得不可篡改，并以命名为区块的数据包形式存在。每一个区块都需要同时发送给网络中的其他参与者，与这些参与者分布式账户中记载的历史信息同步比对验证，只有网络中绝大多数参与者均认可其真实性和有效性，该区块才能存入网络中各参与者的分布式账户，并与账户中以前存档的区块相链接，形成区块链。它由一个个的区块数据组成，每个区块上都包含了数据、时间戳、关联到上一个区块的信息以及相应的可执行代码。该技术最早应用于"比特币"等虚拟数字货币的生成、存储和交易，目前正探索向支付清算、会计、审计、证券交易、风险管理等领域扩展。

近年来，我国比特币交易活跃，价格从 2017 年初的一枚 7000 元人民币左右一路飙升至 2017 年 8 月的 28000 元人民币。比特币的发展逐渐失去了其作为虚拟商品的特性，转而成为投资者追求短期利益的手段，被投资者用来交易以赚取买卖差价。在中国，比特币的持有量仅占全球总量的 7%，但交易量占全球的 80% 以上，如此高的换手率凸显出部分人的投机心理。国内 80% 以上的比特币投资者为了追求短期盈利，只有不到 14% 的用户打算长期持有。比特币价格容易被控制，价格暴涨暴跌引发的投机风险不容忽视，而且这种风险有可能逐渐蔓延至整个金融领域。

第一，区块链金融增加了引发系统性金融风险的可能性。区块链金融提供跨市场、跨机构、跨地域的金融服务时，会使金融风险的传染性更强，波及面更广，传播速度更快。同时，金融科技将加深金融业、科技企业和市场基础设施运营企业的融合，增加金融行业的复杂性。部分科技公司在信息科技风险管理方面的局限性，有可能导致相关风险在三类企业之间传递，增加系统性风险。

第二，区块链金融增加信息科技风险等操作风险。区块链金融虽然推动了金融服务和基础设施的线上化、开放化，同时也使得技术依赖风险和网络安全风险进一步集聚。目前已有部分第三方合作机构因系统缺陷导致金融交易数据泄露的案例。具体来看，这种技术风险分为以下三类：一是交易被篡改的风险。区块链节点通过掌握全网超过50%的算力就有能力成功篡改和伪造区块链数据。以比特币为例，据统计，中国大型矿池的算力总和已占全网总算力的60%以上，如果这些矿池是恶意区块，理论上就可以通过合作实施51%攻击。尤其值得警惕的是，随着区块链技术的发展，攻破区块链的成本会逐渐降低，区块链系统遭受攻击的可能性将会提升。二是私钥丢失的风险。私钥是区块链上使用财产的唯一凭证，仅资产所有人知晓。如果用户由于种种原因丢失私钥，那么其资产追回的可能性几乎是零。三是隐私泄露的风险。为了实现数据传输，区块链的每个节点都有一个地址标识。虽然地址标识与人物身份不关联，但随着身份甄别技术的发展，实现重点目标的定位和识别是有可能的，这就会导致隐私的泄露。

第三，区块链拓宽了金融风险的波及范围。区块链金融服务的众多长尾客户风险识别和承受能力弱，更容易产生羊群相应，一旦发生风险，羊群效应会更突出。长尾客户的行为更易趋同，可能在市场中导致更多的"同买同卖、同涨同跌"现象，加剧市场的波动和共振。

第四，区块链对金融监管部门和中央银行专业能力形成挑战。监管者可能难以快速配备相应的专业资源，及时更新知识结构，识别潜在风险，从而影响监管有效性。区块链金融的发展还容易产生监管套利和监管空白。某些科技创新可能游离至监管体系之外，变相规避监管，造成监管套利。部分金融科技业务具有一定的货币创造功能，使得传统货币层次边界变得模糊，仅盯住广义货币供应量的数量级货币政策效果会降低。伴随着互联网支付等电子货币规模的快速扩张，将会减少流通中的现金数量，使得货币乘数、流通速度以及需求函数的估算等面临更多不确定性。

（四）外部冲击风险

美国货币政策变化影响人民币汇率。2015年以来，美联储连续加息，中国由之前的双顺差转变为"经常项目顺差、资本项目逆差"的新常态，资本流出压力加大，人民币出现较大幅度的贬值。人民币贬值和资本外流互为因果，为中国经济的平稳发展带来隐患。同时，中国面临金融制裁的风险。美元，作为当今世界货币体系的中心货币，是支撑美国国际体系中心地位的重要支柱。一方面，美国可以通过自身金融力量截断其他国家获取美元的能力；另一方面，美国可以通过自身在国际金融体系中的巨大影响，要求国际金融组织机构停止对被制裁国提供美元结算服务。SWIFT（环球银行间金融电讯协会）和CHIPS（纽约清算所银行同业支付系统）被誉为是"全球银行业的神经中枢"，它是全球贸易金融支付和结算的最重要渠道。从美国金融制裁有关立法和实践来看，以货币当局外汇储备资产为代表的官方外汇资产最易遭到有关冻结。中国由于高居全球官方外汇储备最高规模，在金融制裁层面的风险暴露敞口最大。在交易层面，虽然人民币本币结算规模在持续上涨，但中国对外贸易、投资的主要结算方式仍然是美元。尤其是在大宗商品进口的计价、支付、清算上，主要是美元。这意味着在美元支付清算层面中国将受到制裁影响。此外，中国金融机构日益全球化，在世界各地设立机构，业务越发展，越会受到美国金融制裁的约束。

二、维护我国金融安全

针对出人意料的"黑天鹅"（小概率风险事件）和熟视无睹的"灰犀牛"（大概率风险事件），维护金融安全要把主动防范化解系统性金融风险放在更加重要的位置，科学防范，早识别、早预警、早发现、早处置。

（一）降低杠杆率以维护国家金融安全

正如治疗糖尿病的唯一方式几乎就是防止糖尿病，去杠杆的最好药方是预防杠杆率过高。而预防杠杆率过高的"牛鼻子"就在金融领域。作为现代经济的核心要素，金融在经济发展中扮演着杠杆和助推器的作用，有效利用好金融的杠杆作用，能够高效组织和配置各类资金，极大地促进经济社会的发展进程。但是，过度使用高杠杆，则是引发金融危机的重要原因。要真正解决好我国杠杆率的问题，不能简单就事论事或囫囵吞枣式笼统地谈杠杆率，大框架上还是要结合深化金融改革实现经济的去杠杆。

第一，发行市政债券，推动地方政府融资公开透明化。推动地方政府融资公开透明化，就是要做到"堵后门 + 修围墙 + 开正门"。"堵后门"就是要整顿地方政府债务乱象。"修围墙"就是要规范政府债务的形成机制。"开正门"就是要赋予地方政府举债权，以规范透明的举债方式替代隐性负债。"十三五"期间，应以更透明、更市场化的市政债券融资逐步取代融资平台融资。修订与完善相关法律法规，为市政债券打开法律通道。当然，对于地方政府发行地方债也需要一定的配套条件，其中一个主要的配套条件就是编制地方政府的资产负债表。

第二，继续优化融资结构，提高直接融资比重。当前，我国社会融资中依然以银行贷款这一间接融资渠道为主，融资结构的不完善在一定程度上影响了供给端的管理。我国以银行为主导的间接金融体制具有以下结构性缺陷：一是对创新支持不足，对传统产业和大企业支持过度；二是对新常态的适应力不足，倾向于同业融资以控制信用风险；三是杠杆率不断推升，潜藏系统性金融风险。在融资结构有待优化的情况下，要提高供给体系的质量和效率，增强经济持续增长动力，既要优化银行贷款结构，促进经济结构调整，化解产能过剩，更要加强多层次资本市场建设，提升股权融资比重，发挥好资本市场促进经济创新发展的作用。资本市场作为优化资源配置的重要平台，对于引导社会资金转化为长期投资，促进企业资本形成具有重要作用。发展多层次资本市场就要丰富资本市场产品种类，完善资本市场产品结构，兼顾场内场外市场，发展多层次的股票市场，进一步拓宽企业直接融资比例，从而降低企业债务，完成去杠杆化。具体来看，首先要进一步加快资本市场改革步伐，改进和完善股票发行机制，增强主板、中小企业板、创业板市场的融资功能。其次要进一步加快新三板建设步伐，大力发展股权融资市场，增强市场活跃程度，充分发挥其作用。最后要加快完善全国中小企业股份转让系统，在清理整顿的基础上将区域性股权市场纳入多层次资本市场体系，从而加快多层次股权市场建设。

第三，防止房地产市场价格泡沫破裂可能引发的连锁危机。确保房地产业平稳、健康运行，有利于各类经济主体循序渐进地去杠杆。关键在于如何确保。这里做一个对比更有说服力。我国很多地方，当房地产商卖不动房子、发生流动性困难后，政府往往要求银行将贷款展期，维持表面上的高房价，但实际上这是把风险后移。相比之下，韩国的做法值得借鉴：当房地产泡沫破裂的时候，韩国政府鼓励银行去催贷，商业银行一催贷，房地产商就不得不把房子降价出售，房价不断下调，等到房价下降到合适的价位以后，政府把商品房买过来作为保障性住房。因此，去杠杆要强化预算约束，强化银行和企业的合同意识。所谓"展期"其实就是"违约"，这样做其实就是在用展期把不良率给掩盖了，不利于去杠杆。

第四，把国企降杠杆作为重中之重。第五次全国金融工作会议指出，要把国有企业降杠杆作为重中之重，抓好处置"僵尸企业"工作。我国国企运营缺乏完善的责任体系，国企容易产生更多的融资冲动，破产概率很低。国有企业考核制度缺乏对杠杆率的约束，导致国有企业有扩大资产负债表的强烈冲动。因此国有企业降杠杆应与整个国企改革结合起来。要把国有企业市场化债转股和国有企业兼并重组作为企业去杠杆的重点攻坚方向。通过兼并重组，支持大企业按供应链的不同环节对中小企业进行重组，有利于提高国企的资源整合和使用效率，完善现代企业制度和公司治理结构，提升企业盈利能力和核心竞争力，进而化解部分债务风险，实现降杠杆的任务。

（二）加强金融监管协调、补齐监管短板

在过去的一段时期，中国在提高金融监管系统的协调性上已经取得

了很大的进展。目前中国维持金融稳定的框架包括三个层次：最高层次是"一行三会"领导的定期会议以及国务院召集的其他有关部长会议。中等层次是货币政策委员会例会。在这个会议上，金融监管机构定期沟通的重大问题，如金融稳定、金融改革和风险缓解等。低等层次是监管部门和被监管部门之间的沟通。国务院是总体负责金融稳定的最高行政机关，2003 年修订的《中国人民银行法》赋予了中国人民银行防范系统性金融风险和维护金融稳定的责任。在全球金融危机期间，金融稳定的责任是由一个高层次的金融稳定委员会来总负责。每个监管部门有适当的应急计划来应对危机，包括谅解备忘录等。2008 年全球金融危机的一个关键经验教训就是，即使在非危机时期，跨部门的金融监管合作同样需要，因为这样可以对风险进行识别和处理，以避免演变成系统性风险。一个有效的金融监管框架，能够较早地发现金融风险点，并且共享这一风险点的相关信息，最后共同制定一个有效的方法来遏制风险。因此，一个有效的宏观审慎监管框架不仅能够做到密切地关注风险，还能够有效地阻止风险。最近的一项研究表明，有效的宏观审慎监管政策还能够大大提高货币政策的效率[1]，因此中央银行应更好地发挥维护金融稳定的作用。

目前，我国的金融监管协调机制主要就是指"一行三会"之间的跨部门合作和信息共享。2013 年底，"一行三会"建立了金融监管协调机制。此外，为了加强对投资者保护的协调，"一行三会"都成立了消费者保护局。信息的收集和共享已被许多国家证明是防范系统性风险的重要一步，尤

---

[1] Bruno,Valentina,Ilhyock Shim,and Hyun Song Shin, 2015, "Comparative Assessment of Macroprudential Policies," BIS Working Paper, Number 502,June.

其是在美国。就中国目前的监管协调情况来看，人民银行需要在数据共享上作出更多的努力。同时，随着迅速变化的经济金融环境和日益增加的金融风险，需要建立更加完善的金融监管协调制度。

1. 当前监管制度安排面临的挑战

中国当前"一行三会"分业监管的制度有一定的优势，每个监管机构能够专注于各自的领域，做到监管部门和金融机构之间的一一对应，同时还能避免监管权力的过度集中。但当前的监管制度也有很多弱点。首先，传统的监管框架与混业经营的趋势不协调。在混业经营的趋势中，商业银行可以借助影子银行体系，将资金跨业态转移至股票市场。借助影子银行体系，投资者获得杠杆配资，影子银行体系获得手续费收益，银行理财资金获得固定的利息，看似是一个对各方都有利的局面。但在这一过程中，来自银行业的资金大量流入股票市场，增加了股票市场投资者的杠杆率，从而增加了风险的集聚，分业监管难以覆盖混业经营趋势中资金的跨业态流动。虽然我国有保证金和强制平仓等制度来保障银行资金的安全，但如果风险集中爆发，去杠杆的过程过于猛烈，银行资金同样面临收不回来的风险。

其次，对跨部门的系统性风险分析不够。虽然每年的金融稳定报告对宏观经济金融环境、金融市场、金融机构以及金融基础设施等都进行了分析，但该报告没有对跨部门和关联市场的风险进行更深入的研究。要深入探讨金融稳定的关键问题，并对系统性风险进行全面监控，迫切需要一套强有力、广为接受的指标来识别和监控系统性风险。在分业监管的体制下，各个相对独立的监管机构分别关注自己监管的业态，对于各业态间的交叉渗透缺少必要的关注。这意味着，只有等到跨业态资金流动引起的风险在某一业态集聚时，才会被监管当局注意。原因就在于不同监管机构虽然对本业态的资金流动、风险特征有着清晰的认识，但是对于资金的跨业态流动的信息掌握的相对较少。

最后，政策协调不够。主要是财政政策与金融监管政策之间的协调。在防止信贷过度、防范金融系统性风险积聚的过程中，财政政策尤其是政府支出并不总是足够灵活。此外，房地产既是地方财政收入的重要来源，又是金融风险的一个聚集点。因此，在防范系统性风险的过程中，需要更加有效的政策协调。

2. 中国金融监管改革的方向

2017年7月召开的第五次全国金融工作会议决定设立国务院金融稳定发展委员会，强化人民银行宏观审慎管理和系统性风险防范职责，落实金融监管部门监管职责，并强化监管问责。该金融稳定发展委员会的成员将包括中国人民银行、三个监管机构以及财政部，有权召集所有相关机构共同解决系统性风险。该委员会要求各监管机构共同参与，以避免彼此矛盾的监管政策。建议通过修改中国人民银行法，承认中国人民银行在宏观审慎中的决策作用，这将有助于协调各监管机构，确保在宏观审慎的框架下维护金融稳定，做到信息共享。国务院金融稳定发展委员会的基本出发点是构建基于消费者保护的金融监管框架，即构建出由适应性监管、功能化监管、包容性监管、全程化监管搭建的四维监管体系。适应性监管就是要提高金融消费效用，减少金融消费纠纷。功能化监管就是要依照金融产品或服务的功能采取不同的监管模式，从而摆脱依照金融产品或服务提供者监管可能产生的重复监管、监管真空、抑制金融创新等弊端。功能化监管是面向混业经营大背景下的分业监管出路。

包容性监管就是要使得监管体系具有开放性和包容性，能够适应未来的金融创新和技术革新，在第一时间将监管体系扩展至金融产品和服务的最前沿。全程化监管就是要对金融消费者进行全流程监管保护，从超前、事前、事中、事后分别监管，提高监管覆盖率，建立统一全面的金融消费信息平台，为金融纠纷解决、征信、反洗钱等提供更好的支撑。国务院金融稳定发展委员会工作的重点是要保证市场之间、产品之间、产品与市场之间监管的无缝连接，建立起逆周期风险调节机制。因此，中国金融监管改革的方向在于转型：从资本监管为主逐步转入资本监管与透明度监管并重[①]。金融创新的基本趋势表现为绕开资本监管，所以透明度风险在整个金融风险的权重必然上升。

（三）把握好金融科技创新与风险监管的适度平衡

比特币的快速发展已引起国际上的高度关注，各国陆续出台立场和监管措施。2013年中国人民银行等五部委发布《关于防范比特币风险的通知》，将比特币定义为一种特定的虚拟商品，并要求各金融机构和支付机构不得接受比特币或以比特币作为支付结算工具，不得开展比特币与人民币及外币的兑换服务等。目前，国际上对区块链、分布式账户技术的主要看法为：一是尚处于初步发展阶段，应用效果还有待实践检验。二是若在金融领域广泛采用，将对现行金融业务模式和支付清算体系等金融基础设施产生根本性的影响。其中，支付行业可能会成为首先应用该类技术的领域。三是对金融稳定的影响尚不明确，未来可能对监管形

---

① 吴晓求等，《中国资本市场研究报告（2017）》，北京：中国人民大学出版社，2017，P45.

成重大挑战。总之，区块链将对金融监管带来重大挑战，监管部门需要把握好区块链金融创新与风险监管的适度平衡。

1. 央行主动出击，研究并发行国家数字货币

国家数字货币的历史使命和发展方向，与社群数字币（如比特币）和企业数字虚拟币（如 Q 币）完全不同，它是国家选择性地利用已有技术，结合国家数字货币自身需要的发展而产生的，会在以下方面发挥重要作用：一是增强货币的防伪技术。国家数字货币将有望在人类历史上首次摆脱伪钞发行的可能性。二是提高对货币的数据追踪能力。海量金融数据能够被清晰地收集、跟踪、分析，这对于反洗钱和税收征管等有重要意义。三是提供更高效的自动化金融服务。金融机构会越来越趋向小型化、数字化、自动化。四是提升国家金融的反制裁和抗攻击能力。国与国之间冻结银行资产、中断资金往来等制裁手段将失效。全网记账、分布式网络的优势将提升金融体系的防御能力。

央行其实很早就开始研究数字货币了。从历史发展的趋势来看，货币从来都是伴随着技术进步、经济活动发展而演化的，从早期的实物货币、商品货币到后来的信用货币，都是适应人类商业社会发展的自然选择。作为上一代的货币，纸币技术含量低，从安全、成本等角度看，被新技术、新产品取代是大势所趋。特别是随着互联网的发展、全球范围内支付方式都发生了巨大的变化，数字货币发行、流通体系的建立，对于金融基础设施建设、推动经济提质增效升级，都是十分必要的。

从央行的角度来看，未来的数字货币要尽最大努力保护私人隐私，但是社会安全和秩序也是重要的，万一遇到违法犯罪问题还是要保留必要的核查手段，也就是说，要在保护隐私和打击违法犯罪行为之间

找到平衡点。这两种动机和它们之间平衡点的掌握也使得技术选择上的倾向不一样。

2. 监管部门作为区块链上的一个节点进行"监听"

通过区块链技术，可以使交易记录及时在全网广播，监管者在区块链上建立节点，实现和金融企业的直接连接和信息共享，在区块链上成为平等主体，从根本上改变金融企业和监管者对立的关系。区块链上信息的实时性和不可篡改性，也改变了以往监管部门不得不频繁地通过人工核查的方式应对被监管机构信息造假的问题。监管引入区块链之后，企业试图篡改区块链上信息的成本将极大地提高，降低了企业造假的收益，使企业造假动力减少，节约监管者人工核查的投入。通过区块链技术将监管者与被监管者链接，使监管的过程更加透明，监管的结果公之于众，让被监管者更加信服。阳光下的监管进程使监管者的公信力和权威得到提升。

3. "监管沙盒"模式

金融与科技融合发展是经济社会信息化水平提高的一个重要方面，同时也是全球金融创新的热点，并且正成为未来金融业竞争的重要领域。为适应这一趋势，全球越来越多的国家开始制定支持金融科技发展的战略规划，建立促进金融科技创新的生态环境，其中一项重要内容就是营造兼顾创新与风险的良好监管环境。英国提出的"监管沙盒"计划得到了各国监管者的积极响应，为监管金融科技创新探索了一条新路。"监管沙盒"是监管者为履行其促进金融创新、保护金融消费者职能而制定的一项管理机制。这种机制的特别之处在于，金融机构或为金融服务提供技术支持的非金融机构，可以在真实的场景中测试其创新方案，为金融科技企业的各种新模式、新业态、新理念等提供一个"试验区"，让银行等金融机构和初创企业在这个既定的"安全区域"内试验新的产品和服务模式，在适度放松参与试验的产品和服务的约束和管制的同时，又有一定的边界。概括起来就是，监管者在以保护消费者权益、严防风险外溢的前提下，通过主动合理地放宽监管规定，减少金融科技创新的规则障碍，鼓励更多的创新方案积极主动地由想法变成现实。在此过程中，能够实现金融科技创新与有效管控风险的双赢局面。

（四）扩大金融对外开放，稳步推进人民币国际化

当前，我国正在积极推动"一带一路"倡议规划。这是中国倡导的新型区域合作模式，目的是要将这条世界上最长经济走廊的增长潜力充分挖掘出来。人民币在沿线国家有很好的使用机会，大宗商品贸易、基础设施融资、产业园区建设、跨境电子商务，以及亚投行、丝路基金等多边金融机制——这些都可以成为突破口，使人民币国际化的未来之路继续保持又快又稳。具体来看，人民币国际化需要从以下几个方面作为突破口：

1. 建立区域性贸易和投资的结算支付体系

在充足的外汇储备、庞大的外贸规模、相对完善的金融机制的支持下，人民币有能力主导建立区域性贸易结算支付体系。一是商业银行应积极推进人民币与沿线国家货币的报价和直接交易，进一步扩大人民币在贸易、投资中的使用范围，降低使用第三国货币对双边贸易往来的不利影响。二是商业银行应积极创新人民币风险规避与资金增值产品，打

消沿线国家企业使用人民币的后顾之忧，并进一步促进人民币用于沿线国家资产计价、纳入沿线国家储备货币，提升人民币接受程度。三是商业银行还应不断完善人民币资金清算渠道，构建更为畅通的人民币跨境流通机制，提升人民币使用的便利化程度。

2. 稳步放宽跨境资本交易限制

"一带一路"倡议的实施，必然会加快各国货币与人民币的兑换速度与频率，促使对人民币可自由兑换需求的加大。为应对此情形，一是积极引导证券市场和个人资本项目的逐步开放。同时制定外汇应急措施，比如采取对跨境资本流动征税等方式。二是积极放开对直接投资方面不需要的管制和限制，发挥其市场自由机制。三是对资本账户不能开放的交易项目严格把守，审慎放开货币市场等短期资本账户。四是资本账户开放要与其他金融改革整体推进，对外金融开放的同时要注意对内金融开放，人民币汇率和利率市场化不一定要先于人民币资本项目可兑换。五是加强跨境资本流动的监管机制和预警机制建设。建议与境外国家和地区建立双边的信息交换和统计监测的合作机制，共同对人民币突发性流动加强监测和限制，以便及时、准确掌握境外国家和地区接受和使用人民币的状况，制定必要的防范和化解措施，减少金融风险。

3. 加快建立人民币计价大宗商品的交易机制

我国作为资源进口大国，在国际大宗商品贸易中一直处于被动接受国际价格的状况。"一带一路"倡议为人民币获取大宗商品计价权提供了契机。在该倡议中，我国与沿线国家和地区大宗商品合作重点既包括煤炭、油气、金属矿产等传统能源资源，也包括水电、核电、风电、太阳能等清洁、可再生能源资源等。针对"一带一路"沿线多数都是拥有较多能源的发展中国家，我国应抓住在"一带一路"建设中能源产品人民币计价和结算的重大机遇，实现能源产品的人民币结算。虽然短期内，挑战美元主导能源价格的地位还不现实，但是我国通过"一带一路"建设，充分利用各种可作为的空间减少对美元价格的依赖是十分必要的。同时，除推进以上相关贸易结算中使用人民币外，还应该开发相关大宗商品人民币计价期货产品。

我国可以将作为国际金融中心的香港定位为人民币计价大宗商品交易枢纽，在香港交易所设立人民币计价大宗商品交易平台，扩大人民币计价大宗商品种类，推出诸如煤炭、油气等大宗商品衍生品，将商品交易发展成香港离岸人民币市场的一部分。具体来说，一方面可考虑针对"一带一路"倡议中的大宗商品需求，推出一系列大宗商品期权期货，另一方面尝试推行相关"一带一路"交易指数，既包括石油、铁矿石等分类指数，也要建立体现整体交易状况的综合指数，吸引全球投资者参与中国的大宗商品市场。

（高惺惟：中央党校经济学部副教授）